恋のからかさ
夫婦舞《めおとまい》

江河愛司 著
絵川美登里 共著

山中企画

恋のからかさ　夫婦舞＊目次

第四章　新舞踊全盛の中で

第六章　そして彼女は逝ってしまった………151

後継者

（弟子たちは語る「絵川流」と「江河夫妻」）絵川章政（川田章夫）・・・我孫子

「親戚と言うより、家族みたいな仲です」

縮小していく新舞踊の世界

古民家がカフェに変身するように、可能性は、まだある！

「あと数週間・・・」

束の間の平穏

「立てないのよ」

お守りを懐中電灯で照らして

（弟子たちは語る「絵川流」と「江河夫妻」）絵川櫻香（斎藤真弓）・・・仙台

「お守神殿は、もっと早くもっていけばよかった」

カバーデザイン・竹田良子

まえがき

２０２０年2月12日。僕の最愛の妻・美登里が旅立ちました。結婚して、もうすぐ50年というところでした。

結婚したのが、僕がもう30代半ばで、彼女はまだ20歳そこそこ。夫婦というより兄弟みたいな関係でしたね。

一緒に新舞踊・絵川流を興して、僕が「創主」となり、美登里が「家元」となってからも、もう40年あまりの年月が経ちました。

まったくでき過ぎた女房でした。僕が女性関係や金銭関係で問題を起こしても、「起きちゃったものは仕方ないじゃない」とグチもこぼさずに受け止めてくれて、ずっと絵川流をまとめ続けてくれた。感謝しても、感謝しても、まだ感謝したいくらいです。

踊りが大好きだったのでしょう。病気で、ついに踊れなくなる前の日まで、踊りの稽古や振付けは、毎日、欠かすこともありませんでした。

一回りも下の年の女房に、まさか先立たれるとは思いもしませんでした。82歳になるまで、僕は美登里のおかげで、ずっと幸せな人生を歩んできました。たくさんの絵川流の教え子に囲まれ、彼女が作った美味しい料理を食べ、僕がイベントなどでゲストに呼ばれたりしても、身の回りの世話は彼女がすべてやってくれて。ほぼ頼りっきり。

彼女の死で、突然、「天国」は「地獄」になりました。

何でこんな年になって、こんな思いをしなきゃいけないのか、と打ち沈む日々。彼女の写真を見るたびに、涙涙・・・です。

そんな時でした、「川ちゃん」こと・川岸咨鴻（かわぎしことひろ）さんと再会したのは。川ちゃんは、僕が「小唄歌手」として古賀政男先生と船村徹先生の指導の下に活動を始めてすぐからの付き合い。出会った当時はバンドマンで、一緒によく地方営業にも行った仲間でした。知り合って、もう50年以上。

その後、バンドマンから芸能マネージャーに転じた川ちゃんは、あの藤圭子さんのマネージャーとなり、さらにコント55号や関根勤さん、小堺一機さんらが所属する浅井企画の専務として、縦横無尽の活躍をされていました。

その川ちゃん、僕が女房をなくして萎れている話を聞いて、わざわざ激励の声をかけてくれたのですね。

「まだ老け込む年じゃないよ！　落ち込んでばかりいないで、もう一花、咲かせようよ！」

僕も82だし、十分に老け込んでいい年のような気もしましたが、この励ましはとても嬉しかった。さらに川ちゃん、

「まだ、やり残してることもあるでしょ？」

そうです！　あります！　美登里は、亡くなるまで、日本舞踊、新舞踊、そして僕と二人で作った絵川流の行く末を気にかけていました。

今の日舞、新舞踊の世界は高齢化とともに若い入門者がどんどん減少し、衰退に向かっているのは事実です。

ちょうど今年が、僕のレコードデビュー60周年にあたるので、それをチャンスに、「新舞踊復興イベント」などをやろうよ、と美登里もノッていたのです。彼女は、僕がうた

い、子供たちが踊るグループを組んでＣＤデビューを、なんてことも考えていた。

残念ながら、すべては志半ばでした。

残された者として、彼女の遺志を受け継ぎ、残り少ない余生を、新舞踊と絵川流の復興に賭けよう、そう決めました。きっと彼女だって、それを喜んでくれる。いつまでたっても、「俺だけ残されて・・・」と家で僕が落ち込んでいるのは、彼女にとっても気掛かりなことでしょう。


動きますよ！　この本が、その第一歩です。美登里との出会い、古賀先生の応援をいただいての絵川流創設、40年あまりの夫婦での絵川流としての活動ぶりを通して、まず皆さんに絵川流と新舞踊を知っていただく。そこから始めます。

先ず知っていただき、興味を持っていただく。

さ、新舞踊の世界にようこそ。

第一章　出会い前の二人

それでは、さっそく江河愛司・絵川美登里のお話を始めさせていただきます。
ただし、最初は、まだ二人が出会う前、美少年、美少女だったころのお話から。

「お坊ちゃま」として生まれ育って

僕、江河愛司は典型的な地方の「お坊ちゃま」でした。子供のころは。ずっと僕の身の回りの面倒を見てくれる「付け人」が必ず一人は付いていましたから。

生まれたのは、瀬戸内海に面した愛媛県の伊予三島。もう海が目の前にあって3歳のころから泳いでたくらい。潜水なんて、お手のもんでしたよ。地元じゃ、海に潜ってハマグリとったりするのが当たり前だったから。

盛んだったのが製紙業。僕のオヤジは、「イーグル印」の封筒を作っている会社の社長で、従業員も数十人は抱えていました。

幼稚園のころ、一家をあげて朝鮮に渡ったんです。同じ伊予三島に、今でも「エリエール」ブランドなどでよく知られてる大王製紙の創始者・井川伊勢吉さんがいて、ウチのオヤジは、その井川さんと組んで、向こうで製紙会社を作ることになったので。

大王製紙っていえば、伊勢吉さんの孫の井川意高さんが、社長時代にカジノで大損して、それを会社のおカネで補てんした、と大騒ぎになったところです。でも、本業の方は、昔から今に至るまで、堅実な実績を残しているのですね。

移った場所は今の韓国全羅北道の中にある群山でした。そこで「群山製紙」を作って、何万坪もの工場で、何万人もの従業員が働いていた、と聞いています。子供に「付け人」が付くのも、不思議ではありません。

オフクロは呉服屋の娘で、当時はごく当たり前の専業主婦。子供は4男2女の6人兄弟で僕は末っ子でした。

お坊ちゃま生活が一転して「引揚者」になったのが、小学校2年の時でした。

子供心に、あの8月15日の光景は目に焼き付いて忘れられません。それまで、時々、上空には、日本軍の飛行機が5～6台、所在なげに飛んでいたのが、あの日、天皇陛下の放送が流れたら、1時間もしないうちに、B29の編隊が、空を真っ黒にするくらいに飛んできて、飛び出してきた地元の人たちが、隠していた韓国の旗を振り始めたんです。

時代の変り目というのでしょうかね、あんなにガラッと風景が一変してしまう経験は、そのあと一度もありませんでした。

幸い、ウチのオヤジは地元の従業員を虐待したりはしなかったために、現地で襲われるようなことはありませんでした。でも、日頃からバカにしたり、こき使ったりしてた日本人経営者の中には、ひどい報復をされた人たちもいたようでしたよ。ウチのオヤジにしたって、なんかあっちゃいけないから、と一応は憲兵隊に守ってもらったらしいですし。

幸いにも、伊予三島の家は残っていたので、終戦後2週間くらいで、本土に帰れました。もちろん何万坪の工場は残したままで、リュックサックを背負っただけの帰還です。ただ帰った後も、すぐに会社を立て直して、四国でも1、2を争う封筒屋になったんですから、オヤジは幸運だったと思います。

四国だけでは満足できずに、オヤジは僕が小学校5年の年に、東京進出をしてしまいました。足立区本木町にあった封筒工場を買って、一家ごと東京に引っ越してきてしまったのです。経営は順調で、その間も、僕はずっと「お坊ちゃま」でいられました。

小学一年生の僕

小学5年で小唄のお稽古を

さて、東京に来てから、僕の「芸能人生」が始まることになります。前に、ウチのオフクロは専業主婦、と言いましたが、実は別の顔も持っていたんです。それは「小唄田毎流の名取」という顔です。

ご存知の方もいらっしゃるかもしれませんが、小唄は、一つの曲が3～4分くらい。いわゆる「流行歌」と変わりません。歌舞伎や文楽で使う浄瑠璃、清元や、長唄なんかが15分も20分もかかるのに比べるとにかく短い。もともと、長唄みたいにあんまり長すぎるとみんな聴いてくれないんで、短くしようとなって、小唄が生まれたらしい。だから、聴く方にとっても都合がいいし、唄う側としても、短い分、覚えやすいわけです。

オフクロは、元来、芸事が好きだったんですね。若いころから小唄を習っていて、東京に来たとなると、さっそく田毎流家元の田毎てる三さんのもとに通い出しました。

このてる三さんのお孫さんが、その後、芸者をやりつつ、よくテレビや映画に出て、黄桜のＣＭにも出演した三浦布美子さん。私は「布美ちゃん」て呼んでますがね。年は僕の3つ下。彼女も、てる三さんのもとでみっちり小唄を仕込まれて、日舞の修業もして、二代目の田毎てる三として長年活躍しています。

で、なぜか、その初代てる三さんのもとにオフクロは僕も一緒に連れて行くんです。6人兄弟の末っ子で、僕を一番かわいがっていたのもあったんでしょうが、子供の中に一人くらいは「芸事」の道に進んでもらいたいって気持ちもあったのかもしれません。自分でいうのもなんですが、小学校5年にして、ちょいと色気のある、「なかなかの美少年」だったですから。

行ったら、すぐに「ボクも、やってみたら」なんて家元に勧められて、小唄のお稽古を始めるようになりました。

検番といっても、今の方はわからないですかね。お客さんが芸者衆を呼んだり料理を頼んだりするのに、その仲立をする場所で、花街にはどこにも必ず検番があったんです。てる三さんのお稽古場は、浅草の検番の中で、昼間から三味線の音が聞こえてきて、日本髪もつややかな芸者衆がいつも出入りしているようなところでした。

小学生からそんな場所に出入りしてちゃ、マトモな大人にはなれません。

憧れは流行歌手

週一回くらいの割で通ってましたかね。そりゃ楽しかったですよ。お師匠さんには、「あなたは天才ね」ってホメられるし、芸者衆にもチヤホヤされるし。

また、小唄の会なんかに出ればバカウケなんですよ。小唄をやっているのは、当時も、お金持ちの旦那衆とか、芸者衆が中心でしょ。まさしく大人の世界。そこへ僕と布美ちゃんの「小学生コンビ」が登場して、僕の三味線で布美ちゃんが唄い、布美ちゃんの三味線で僕が唄うわけですから。ウケないはずがない。

布美ちゃんとは、そのあともずっと交流があって、20代になってから、彼女を、古賀政男先生のところに連れて行って、レコードデビューのキッカケを作ったのも僕なんです。ちょうど古賀先生の下に出入りしていたレコードディレクターに

「江河くん、どこかに美人で歌える芸者はいないか?」

って聞かれたんで、すぐに布美ちゃんのことが頭に浮かんだんです。

小唄のお稽古は、結局、高校2年までの6年ほど続きました。僕の歌の下地を作って

もらったという意味では、とても貴重な時間でしたね。

小唄は楽しかったけど、学校の方はあまり楽しくはなかったね。あんまり勉強好きじゃないんだな。それよりも芸事がやりたかった。一度、小唄の会でバカウケした体験なんて味わっちゃうと、そっちの方ばかりに気持ちがいっちゃって、真面目にコツコツと数学だのなんだの、やる気になれないんでしょうね。

家も、兄貴たちがいるから、家業を継ぐ必要はない。しかも、オフクロなんて元来、僕に小唄やらせたくらいだから、「やりたいことやれば」って言ってくれる。

ただ、小唄の師匠になりたいとか、そういうのはなかったですね。憧れていたのは流行歌手。美空ひばりちゃんが大好きで、あんなふうに歌をうたってやっていけたらいいな、と思ってました。ひばりちゃんとは年だって一つしか違わないし。とても身近な感じのする「大スター」だったんですよ。

芸能界に入りたい。でも、僕が自信のあったのは歌だけ。これじゃいけないと思いました。

目標とするひばりちゃんは、歌だけじゃない。映画に出て役者もやれるし、踊りだってできる。そういうものが全部ちゃんと出来ないと一人前とはいえない、と。

雑誌でピッタリの募集を見つけたんです。

「第一期東宝芸能研究生募集」

東宝が映画や演劇で活躍できる新しい素材を求めて、門戸を開いたんですね。ダンスも歌も演技も勉強できる。これはいいな、とすぐに応募しました。

競争率は10倍くらいだったかな。一応、ほんのちょっと演技と踊りの練習もしてオーディションに臨みました。幸い、合格。

まだ高校はあと1年残ってましたが、そちらには未練はなかったです。早く舞台に立ちたかった。高校は中退して、東宝芸能に飛び込んだのです。昭和29年の春でした。

****

（同級生は語る「江河愛司」と「江河夫妻」）

川上信之

「シェパードとホンダ・ドリーム号に驚いた」

彼とは中学一年から一緒だったんです。朝鮮戦争が始まったころですから、もう70年前からの付き合いでしょうか。

お互いの家を行き来したりもしました。西新井橋の近くにあった彼の家は大きくて、封筒の工場もあって、しかも大きなシェパードを飼っていた。あの当時、あんな大型犬を飼う家なんてほとんどなかったですから、驚きましたよ。それにホンダ・ドリーム号もあったんです。ホンダが作った単車の第一号で、スピードもあって、すごくカッコイイ。ほとんど持っている人もいなくて僕らにとっても憧れの存在でしたから、さらに驚きでした。

僕の目白の家にも遊びに来てくれて、庭でバトミントンやったりしました。

彼自身は、お坊ちゃんで、しかもイケメンなのに、別にエラぶるでもなしに付き合ってくれましたね。ただ、歌はうまかった。学校の音楽の授業で唄うと、一人だけまったくレベルが違ってました。

高校入ってから、急に学校来なくなっちゃったんでどうしたんだろう、と思ってたんですが、芸能界入りしたのを知って、またまた驚きでしたよ。

再会は、もう平成に入ってからです。彼から「踊りの発表会があるんで、よろしく」と誘いがあって、浅草公会堂に絵川流の会を見に行ったんです。それからはもう、ウチと彼とは夫婦ぐるみの付き合い。

去年5月、もうだいぶ美登里さんも体調が悪くなって平塚の病院に入院していたころにも、お見舞いに行きました。彼は熱海に別荘持っていて、ちょうど花火大会があるんで美登里さんも一時退院して、四人揃って別荘で花火見物したんですよ。

その時、彼女、一生懸命、料理を作り始めるんですね。「体の具合もあるし、無理しなくても」と僕らが再三言っても、本人は、「大丈夫、大丈夫」って。手を抜くことができない性格なんでしょう。

よく気が付くし、よく働く、いい奥さんでしたね。

＊＊＊＊＊＊＊＊＊＊＊＊＊＊＊＊＊＊＊＊＊＊＊

東宝芸能学校

「芸能学校」といっても、今の、そこらじゅうにいっぱいあるような、いい加減なところじゃありません。映画や日劇の舞台などを抱える東宝が本気になって「次代のスター」を生み出そうとして作った学校ですから、規模や内容としてみたら宝塚音楽学校あたりに近いと思います。

一応、学校は舞踊科、演技科、声楽科に分かれていて、舞踊科なら、卒業後は日劇ダンシングチームに入って、声楽家はミュージカルなどの舞台、演技科は東宝現代劇や映画のニューフェースと道は分かれていました。でも、別に演技科を出たからって必ず俳優にならないといけないとか、そういうわけじゃありません。現に、僕と同期の土居甫なんてのは、演技科に入ったくせに、後にピンク・レディーなんかの振付けやったり、踊りの方で大成しちゃった。オヒョイ（藤村俊二）も同期だったんですが、彼は舞踊科。僕は声楽科にまずは入りました。

東京タワーの近く、今の地下鉄の御成門駅のそばに、宝塚の寮を改造して作った校舎

『お軽と勘平』での舞台衣装を着て

がありまして、フローリングの床が完備されたような、当時としては最先端の稽古場がありました。

講師陣もバレーなら東勇作、声楽なら松田トシなど、一流の人たちが集まっていました。松田先生、厳しかったですよ、後に『スター誕生！』ってテレビ番組で審査員やって、「あなたは、歌はおやめなさい」とか辛口批評が有名でしたが、あれとおんなじ。

授業は理論にタップ、日舞、バレエ、ジャズダンスなどの踊り、それに歌と演技。どの科の人間も、一通り全部やらされました。唄って踊れて演技も出来る本格的なミュージカルスターを育てる意図もあったんでしょうかね。就業期間は2年で、週6日、朝の9時くらいから夜7時くらいまで、みっちりとやらされました。

最初は150人くらいいたのが、出るころには100人足らずになってましたね。

舞台で「共演」した歴史に残る名優たち

東宝芸能の現場主義も徹底していました。経験を積ませないと、成長しないって。入って1年目に、生徒をいきなり東京劇場、今の宝塚劇場の舞台にあげちゃうんですから。

東宝ミュージカルのエノケン・越路吹雪主演の『お軽と勘平』に、踊りのメンバーとして生徒たちが登場したんですね。

まだ18歳かそこらで大舞台ですから、緊張もします。その末の失敗もあります。

越路さんが『タブー』をうたって踊るシーンがありまして、そこへ、東宝芸能の男の生徒たちのラインダンスがからむ。越路さんを囲んで、踊るんですね。僕は、背が低くて、ダンスの先頭で出て行ったんですが、緊張がピークになったんでしょう、何か逆に男たちがラインダンス踊ってるのがおかしくなって、「プッ！」って吹いちゃったんです。

そしたら、それが伝染して、みんな吹いちゃった。

越路さん、怒りましたよ。舞台からひっこんじゃったから。後で、

「これからプロになる人間がなんですか」

さんざ叱られて、土下座して謝りました。

東宝ミュージカル生みの親の秦豊吉先生に、「お前なんか、明日からステージやめちゃえ」とも言われました。

なぜかその時に、その他大勢で出るのなんてバカバカしい、とでも思ったんでしょうか、藤村俊二はよくヒョイっと舞台からいなくなってた。それで「オヒョイ」なんです。

長谷川一夫先生がメインの東宝歌舞伎にも出ました。これもまた、バックの踊りの一員としてです。

豪華キャストでしたよ。先代の中村勘三郎さんに同じく先代の水谷八重子さん、それに今は坂田藤十郎さんになっている中村扇雀さん。歴史に残る名優ばかり。

扇雀さんは男っぽさも出せるのに、女形になると、また実にきれいだったんです。扇雀さんにしか出せない色気があって、自然にお客さんから拍手が来ました。

扇雀さんと長谷川先生の長女の季子さんが二人で『深川マンボ』を踊るでしょ。もう万雷の拍手で、そのあと僕らが出ていくのがツラくてツラくて。いっぺんにお客さんが引いていくのがわかるんですから。

長谷川先生の『雪の渡り鳥』もカッコよかったですね。最後にも見得を切って、花道を引っ込んでいく時なんかは絶品でした。先生はヤクザもやれば女形もやる。それがどちらもキレイで、お客をうっとりさせる。あんな役者はちょっと他にいません。

僕らは喜劇にもダンス要員で呼ばれました。三木のり平さんや有島一郎さんたちの絶妙の間の芸を間近で見ていたわけです。

そんな大物たちと、同じ空間にいただけで、僕にとっては今でも誇りです。

日劇ダンシングチームへ

さて、2年が過ぎて、どこに行くかとなると、進路は生徒の希望ではなくて学校が決めるんです。

僕はなぜか日劇ダンシングチーム（NDT）の方に行くことになりました。東宝芸能1期の仲間にはオヒョイもいましたよ。彼は僕らの中でも年上で、センスもあったし、妙に「あいつに任せれば安心」って信用みたいなのがあったから、自然と1期の中のリーダー役になってました。土居甫は東宝現代劇に行っちゃった。

昭和30年くらいの日劇っていったら、もう日本を代表する檜舞台で、NDTは宝塚やSKDと並ぶレビュー界の最高峰でした。団員も200人くらいいたかな。しかも宝塚やSKDは女のコばっかり。男のダンサーがいるのはNDTだけ。

もっともNDTに入ってすぐ、半年ばかりは日劇ミュージックホールに派遣されました。

日劇の5階にあったヌードの劇場ですが、あちこちにあったストリップ劇場なんかとはまったく格が違う。踊り子さんの踊りもしっかりしているし、出演者も一流のコメディアンが出てました。ちょっと売れる前の渥美清さんなんかも出ていました。泉和助さんていう、「コメディの生き字引」みたいな方もいました。

僕とちょうど同時期にいたのが、あの丸山明宏さん。今の美輪明宏さんです。もう、この世の者とも思えないほどの美少年で、歌もうまかった。

当時は画家の中原淳一さんが描くような女性的な美少年が「ブルーボーイ」として脚光を浴びていて、丸山明宏さんなんかは、まさにその中心だったんです。一時期、僕は、その丸山さんとも組んで『ベッサメ・ムーチョ』うたったり、コントもやったりしました。あのころはトリオ・ロス・パンチョスが大ブームで、アイ・ジョージやディアマンテスや、ラテン歌手がたくさんいたんです。

踊り子さんでは「ヌードの女王」と呼ばれた小浜奈々子さんなんかもいて、僕も食事をおごってもらったり、かわいがられましたね。

NDTに戻った後は、日劇の春のおどり、夏のおどり、秋のおどりの三大おどりや、東宝ミュージカルにダンサーとして出ました。

戦時中、日本兵が南の島に流れ着いて地元民と交流するっていう『極楽島物語』っていうミュージカルがあって、そこでやけに堂々と歌をうたう俳優さんが印象的だったんですが、それが財津一郎さんでしたね。今もタケモトピアノのCMでおなじみの。

渥美清さんも三大おどりのゲストとして何度か来ていました。

その渥美さん、ある時、フッとダンサーの楽屋まで来て、みんなに聞くんです。

「今、なんて曲がハヤってるのか、教えて」

誰かが「『ユーアーマイディスティニー』なんていいんじゃないんですか」とうたって聞かせると、すぐそのあとの出番で、鼻歌混じりにうたってました。

古賀政男先生に弟子入りにして、デビュー決定

NDTにいた時に、私の人生を決める重大な出会いがありました。

言うまでもありません。「生涯の師」古賀政男先生に弟子入りしたことです。古賀先生の業績は知らない人はいないと思いますが、数えきれないほどのヒット曲を作曲されて、国民栄誉賞まで受賞されたほどの「大作曲家」です。普通にいったら、お会いする

だけでも難しいようなお方。それが幸運にも、お会いしただけでなく、僕のレコードデビューの後押しまでしていただいたのです。

そのキッカケを与えてくれたのが、横浜・鶴見にお住まいだった社長さんでした。その方は、もともと伊予三島から出て来られて、地元ではお隣さんだったのですね。僕が「いずれは歌手になりたい」と話したら、その方が、「だったら、いい人がいる」といって紹介いただいたのがコロムビアレコードの坂田哲郎さんでした。その坂田さんが、古賀先生のもとに連れて行ってくれたのです。

代々木上原の先生のお宅は、ビックリするほどの大豪邸。車で左右に芝生が植わった坂道を上がって、丘のてっぺんに来たところにお屋敷があるんです。敷地は3千坪。今は古賀政男音楽博物館になっている場所です。

どうやら古賀先生は日本調の音楽がお好きで、小唄をやっていたという僕の経歴に興味を持たれたらしいのですね。

レッスン場は2階にありまして、ちょうどお弟子のひとりの歌手の野沢佳子さんがそこに居合わせていました。

お会いするなり、「どんなことをするの?」と聞かれて、先生の三味線をお借りして、

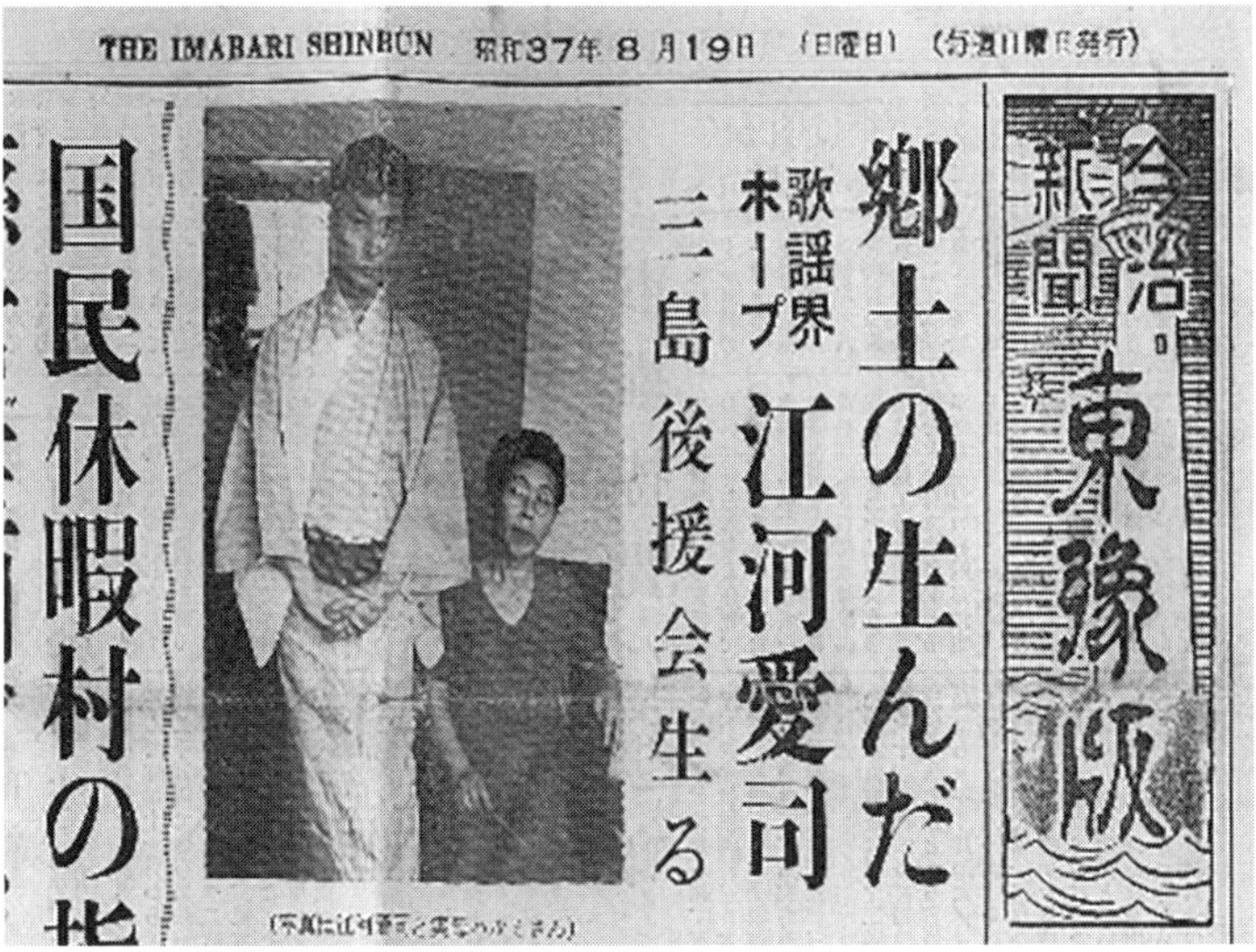
THE IMABARI SHINBUN　昭和37年 8月19日　(日曜日)　(毎週日曜日発行)

今治新聞 東予版

郷土の生んだ 歌謡界ホープ 江河愛司 三島後援会生る

国民休暇村の

郷土の新聞にも掲載された

子供のころから鍛えた小唄の弾き語りを披露いたしました。

先生にすっかり気に入っていただいて、「キミ、すごいねぇ」の連発でした。

もうそれでとんとん拍子にレコードデビューの話まで進んでいったのです。コロムビア専属でデビューできるなんて万に一つのチャンスなのですから、ありがたいことでした。当時は、古賀先生がコロムビアを訪れる時には、社長以下、社員一同が揃ってお出迎えするくらいのもので、先生の「鶴の一声」は絶大な力があったのです。

さっそくNDTは退団して、毎日、先生のお宅に通う日々が始まりました。とはいっても、先生に毎日レッスンしていただけるわけではありません。普段はお弟子さんの川上八郎先生に代稽古をしていただいて、週一回くらいだけ、古賀先生直々の稽古があるんです。

「せーぼう、進んでるかい？」

なんて言われながら。私は本名が「河村誠司」なので、愛称は「せーぼう」でした。芸名も古賀先生につけていただきました。江戸小唄の「江」、本名の河村の「河」、出身の愛媛の「愛」、名前の誠司の「司」で「江河愛司」です。

そして昭和35年、日本初の小唄歌謡歌手として『きりぎりす』『与三郎』でデビューしたのです。とても順調な船出でした。

大したものでした。地元・伊予三島では、「ちょうちん行列」があったくらいですから。そのころは、コロムビアのような大きなレコード会社からデビューするというのは、それだけ「大出世」だったのです。

デビューして一年くらいでしょうか。日劇で、コロムビア所属歌手が一堂に会する『コロムビア大行進』があって、当時の看板だったひばりちゃんや村田英雄さんなどに混じっ

て、僕も出演させていただきました。その時、バックで踊ってくれていた中にオヒョイだの土居甫だのがいて、
「良かったなァ、出世したなァ」
と喜んでくれたのを、よく覚えています。

さあ、しばらく、僕、江河愛司の生い立ちばかり話してしまいました。そろそろ、ここで絵川美登里の「生い立ち」についても触れなくてはいけません。

どうせなら、天国に旅立った美登里本人を特別に呼び戻して、語ってもらうことにしましょう。おーい！　ミーちゃん！

（天国からの絵川美登里の声 ①）

はーい！　お話しましょう。

私、本当は宝塚に入りたかったんですよ。日本舞踊は3歳の時から坂東流をはじめて、16歳で名取にさせていただいたんですが、憧れていたのは宝塚。横浜・保土ヶ谷に住む叔母さん・小菅二三子が、よく宝塚の舞台に連れて行ってくれました。

家は芸能一家でもなんでもありません。ウチの父親は神奈川の相鉄線につとめていて、「二俣川駅」で駅長をやっていたこともありました。母が芸事が好きで、それで私も踊りのお稽古に通うようになったんですね。

中学を出る時に、親には「宝塚に行きたい」と相談したんです。

でも親としては「そんな遠いところには出せない」と。家は横浜でしたから。

「それに、宝塚なんて、お金持ちのお嬢さんが行くようなところでしょ。もっとウチのような家の娘にも合うところがあるはず」

美登里、３歳の初舞台

とも言われました。両親とも、私が芸能の道を進むのに、理解がなかったわけじゃないんです。好きならばやればいい、と。ただ、出来れば家からも通えるようなところにまず入ってみたらどうか、と考えてくれていたんです。

だいたい宝塚の試験は踊りでもバレーもあるし、歌もあります。もし受けるにしても、その練習もしなければいけなかった。

とりあえず高校には入って、いろいろ捜していくうちに、東宝芸能学校の存在を知ったんです。そこならば、ダンスも歌もしっかり勉強できる、と。

受験したら、どうにか合格できまして、高校は中退して、第11期で東宝芸能学校に入りました。ええ、ウチのお兄ちゃん（すいません。結婚する前からずっと、私は江河愛司を「ウチの主人」ではなく、「お兄ちゃん」と呼ぶ習慣になってしまったんです）が1期ですから、10期も後輩。もちろん当時は、そんな年上のヒトとやがて結婚するなんて想像もしてませんでした。いずれチャンスがあれば宝塚を受けたい気持ちは、まだ残ってました。

ただし結局、私は、東宝芸能学校も1年半くらいでやめてしまった。日舞のお友達に誘われて、東映歌舞伎に踊り手として参加するようになったんですね。せっかくチャンスがあるなら、やはり本物の舞台に立ちたかったんです。

凄い顔ぶれでしたよ。市川右太衛門先生、片岡千恵蔵先生の御大お二人のほかにも、高田浩吉さん、大川橋蔵さん、若手で里見浩太朗さんもいらっしゃいました。東京なら明治座、あとは全国各地を回るんです。

まだ17歳の小娘だったんで、どこかそんな方々の凄さがあまりピンとはこなかったんですが。踊りが好きだし、それで仕事をしたい気持ちは強かったので、満足していました。無我夢中で踊っていたのが正直なところでしょうねぇ。

第二章　出会い、そして結婚

いよいよ僕たち夫婦は出会います。しかし、結婚までの道のりは、そんなに平坦なものでもなかった。何しろ、僕は「遊び人」で有名でしたから。

恋のからかさ

古賀先生の肝入りということで、もうコロムビアではデビューの時から別扱いでしたね。

「彼はただの流行歌手ではない。正統派の日本調歌手だ」として、会社の中でも「邦楽部門」になったんです。演歌歌手とかそちらのほうではなくて、長唄や清元の方と一緒。つまり「古典」に入っちゃった。

果たしてこれが良かったのか、悪かったのか。今となってはわかりません。いまだにコロムビアに専属でいられるのは、そのおかげかも知れないし、大ヒットを出せなかったのはそれが災いしたのかもしれません。

それにしても、古賀先生の門下に入って1年でデビューは、当時としては破格なもの

▲『恋のからかさ』ジャケット

◀日劇のステージに立つ

でした。

ただし僕の歌の中で一番売れたのは『恋のからかさ』ですが、これはデビュー曲ではありません。しかも作曲は古賀先生でもなく、船村徹先生なのです。

何と古賀先生、何を思ったのか、1年ほどアメリカの、主にハワイに渡ってしまわれた。芸者で歌手の市丸さんを連れて、日系移民の方々向けにコンサートをして歩かれたんです。そのために、僕は一時的に船村先生の預かり弟子になりました。

さあ、次の僕の曲を作ろうとなったら、もちろん作曲は船村先生です。それで作詞はどなたに頼むかとなって、担当ディレクターが西沢爽先生にお願いした。

当時のレコードディレクターって、権限が強かったんですよ。どの先生にお願いするかの決定権も持っていたし、「こんな曲をよろしく」と先生方に指示することもできたんです。

この時のディクターは、西沢先生に、

「江河くんに合うように色っぽい歌を作ってほしい」

と要望したようです。

出来上がったのが『恋のからかさ』。ヒットしたあと、アメリカから帰って来た古賀先生、「僕の曲じゃないのに」とちょっと焼きもちをやかれてましたね。船村先生の方は、「古賀のオヤジはそういう性格だから、しょうがねぇや」と苦笑いしてました。

おかげさまで、『恋のからかさ』は、「小唄歌謡」の代表曲のようになって、いろいろな皆さんに愛されましたし、今でも愛されています。

たとえば、「ゲイ」の方々に妙に好まれるのです。あのカルーセル麻紀さんは、踊りのナンバーとして必ず入れてくれて、パリで公演した際にも踊りまくってくれました。カルーセルさん、ずっと『恋のからかさ』の歌い手はご自分と同じゲイの人間だと思い込んでいて、初めてお会いした時、「僕はそうじゃない」と言ったら、「えー！　ホント？」とビックリされてました。

そういえば日劇ミュージックホールで丸山明宏さんとかと舞台に立っていた時も、よく勘違いされてました。なんか僕には誤解される雰囲気があったんですかね。

そもそもダンサーや振り付けやってる人間の多くはそっち側で、ＮＤＴの男の半分はゲイだろうっていわれてたから、やむを得ないのかな。

僕や、オヒョイみたいな「女好き」の方が「変わってる」と思われてました。

それと、なぜか大衆演劇の皆さんに、『恋のからかさ』を踊りによく使っていただくんです。だいぶ前ですが、丹下キヨ子さんの娘の節子さんが大衆演劇のブラジル公演をするっていう時にも、たっぷり『からかさ』で踊っていただいたそうです。

今でも多く使っていただいている。やはりチョンマゲ、日本髪で登場したら、あれほどぴったりとハマる曲はないんでしょうね。

僕にとっては一生の財産です。

「チーム組んで回ってみたら」

ただ、小唄歌謡歌手では、世間的に知られた「スター」になるのは難しい。「邦楽部門」は、本当に特殊なんです。伝統芸能で、流行歌とは別だから、なかなかテレビの歌番組に出たりはできない。古賀先生からも、「大ヒットはないかもしれないが、長く続けられるよ」と言われていて、納得はしていたものの、後輩がどんどんスターになっていくのを横目で見るのは、ツラくはありました。

北島三郎は、船村先生のところの後輩だったんです。彼は流しをやっていて、本名は

「大野」なんですが、船村先生から、

「オイ、大野。日本調の唄い方はせーぼうに教えてもらえ」

なんて言われてました。北原謙二、井上ひろし、守屋浩、みんな後輩です。焦りますよね。


ですが、そもそも同じ土俵に立っていないんだから、ライバルとも言いにくい。クラウンレコードが出来た時は、心機一転と思って、一時的にコロムビアからクラウンに移ったりもしました。所属事務所もコロムビアから、演歌が得意な新栄プロダクションに移籍したのです。


このころでした。三浦布美ちゃんが勝新太郎さんのお座敷に、僕を呼んで紹介してくれたんです。僕の三味線の師匠は長唄三味線方の第一人者・杵屋正邦先生と、勝新さんのお父さんの杵屋勝東治先生なので、まんざら縁がないわけじゃない。

お話が面白くてね。

「実は三味線はオヤジよりオレのがうまいよ」

なんてドキッとするようなことを言い始めて、古典派でキッチリしたお父さんの芸と、

「遊び心」満載の自分の芸の比較をしたり。いきなり僕の胸倉掴んで、こっちが驚くでしょ、すると勝さん、「な、その驚き。それが芝居なんだよ」なんて話しだしたり。もう、引き込まれちゃう。本気で勝さんの弟子になりたくなったくらいでした。

それでクラウンに移籍した際には、一時的に、勝さんの一字をいただき、「三島勝也」と改名したのです。コロムビアに復帰する時に「江河愛司」に戻りましたが。

クラウンでは、芸者で歌手だった神楽坂はん子さんが僕のレコードのディレクターやってくれたりしまして、それなりに力もいれていただいたんですけど、結果は出ない。新栄プロでは、営業で五月みどりさんの前歌、つまり前座歌手をやったりしていました。神戸一郎さんの前歌などもやりましたね。

しかし、前歌は当然、楽しくはありません。あくまで目立つのは看板歌手であって、こっちは所詮、看板さんが登場するまでの場つなぎですからね。

どうにかして一本立ちになりたい。自分が中心になってのショーがやりたい。歌手になったからには当たり前のことです。

それで始めたのがキャバレー回りだったのです。昭和30年代のおわりから40年ごろにかけてといったら、もうキャバレー全盛時代ですからね。お客が千人くらい入れるような大きなハコも珍しくなかったくらい。日本全国の主要都市には、みんなありました。

そこで、ソロの歌手としてショーをやり出しました。

キャバレーのショーを専門に手配していた中央芸能という会社がありまして、なぜかそこの明石社長がとても僕を気に入ってくれて、仕事を優先的にいただけたのです。たぶん日本調の歌がお好きな方だったんでしょう。

たとえ専門がキャバレーの手配とはいっても、そのころは売上高でナベプロと張り合っていたくらい大きな会社でした。もともとはヌードの踊り子を手配する仕事からスタートして、大きくなったんです。

ある日、その明石社長から貴重なアドバイスをいただきました。

「どう、チーム組んで回ってみたら」

なるほど、と得心しました。確かに男の歌手がステージにソロで出て唄うだけでは、見ているお客さんもだいぶ物足りない。どうせなら、僕のバックに、日舞を踊れる女のコたちが出てくる方が華やかだし、キャバレーの男性客にも喜ばれるでしょうし。

六人会

チームのメンバーを集めるのは、そう難しい話ではありませんでした。

当時、僕は神楽坂や湯河原の芸者衆に三味線や小唄を教えていたし、お座敷に呼んで芸者遊びもしていました。その上、芸者の置屋の娘で、日舞の名取になっている女性ともお付き合いしていた。というより、ほぼ婚約状態だったのです。

だから彼女に頼んで声をかけてもらえば、すぐに人は集まる。仮に彼女をA子と呼ばせてもらいましょうか。

A子の実家の置屋は新宿・荒木町にあって、やがてそこがチームの稽古場にもなっていったんです。

いろいろな人間が出入りしてましたよ。中でも忘れられないのが、いまや、バーニングプロの総帥として芸能界でも最もビックな存在になった周防郁雄さん。あの人が、新栄プロのマネージャーをやめてホリプロに移ったころだったかな、よく顔出して徹夜で麻雀やってました。

忘れられない思い出が、一緒に行った地方営業のショーの最中、騒いでる客を腕ずくで黙らせたことでしょうか。相手は、地元のチンピラみたいな人だったんですね。公演している最中なのに、難癖をつけてくる。そしたら周防さん、「うるさい！」って、その人、おっぽり出しちゃった。まあ、ちょっとコワモテのところはあったけど、人当たりはそんなに悪くなくて、まさか「芸能界のトップ」にのし上がるなんて、まったく想像できませんでした。

確か川ちゃんも、バンドマンとして、その現場は見ているはずです。

A子は、知り合いが出ていた東映歌舞伎あたりを見て回って、チームに入れたいメンバーに声をかけていきました。

A子を含めて6人。さすがに、そこそこやれるメンバーが揃いましたよ。年齢的には25、6くらいで、他のチームでも活動してたようなコもいました。だから、チーム名も「六人会」にしたんです。

ただ、中に1人だけ少し年の離れた、16か17くらいの女のコが混じってました。

回りが年上ばかりで背伸びしたかったんでしょう、生意気にタバコなんかプカプカ吸ってて、いかにも、「私、けっこうやってるのよ」って感じでした。

でも、顔は可愛くて、年相応に幼いんです。踊らせてみると、まだまだアマチュア。ギコチないっていうか、どこか「お嬢さん芸」なんですね。これが一人前のプロになると、そのギコチなさが消えてスムーズな動きになっていく。

技術ではありません。自然に流れていくなかから醸し出される「色気」でしょうか。そういうものが、そのコにはなかった。

仕方ないですよ、まだ小娘なんですから。

一人くらいこういうコがいてもいいかな、と入ってもらいました。

はい、ご想像の通り、これが後の絵川美登里です。

先生と生徒

「六人会」の活動は1年半くらい続きましたかね。

キャバレーで多かったのが、新宿の「女王蜂」でしょうか。そのころは新宿歌舞伎町だけでも10軒以上のキャバレーがあって、どこも豪華なショーを売り物にしてました。

でも日本調の、艶やかな和服の女のコたちの踊りをバックに唄ったり、三味線を聴かせたりをやったのは、僕たちが最初だと思います。1日に40分くらいの2回公演でした。ウケましたよ。次から次へと仕事が舞い込んできた。東京のキャバレーなら、鶯谷の「スター東京」とか、地方でも長島温泉や、常磐ハワイアンセンターや、一番多かったのが滋賀のびわ湖温泉「ホテル紅葉」でした。「ホテル紅葉」の木下右門社長や寿子夫人には、本当にお世話になりました。

木下夫妻と「ホテル紅葉」にお世話になったことをあげると、とてもこの場では書ききれません。ご支援はずっと続き、僕がその後も歌手活動を続け、絵川流の活動を続けていけたのも、そのバックアップがあればこそだったといえます。

「ホテル紅葉」では1カ月公演を年に2～3回やらせていただいて、しかも1カ月のギャラが当時のおカネで300万円。大学卒の初任給が2～3万円の時代ですから、今なら2千万円以上です。「六人会」のみんなに分けたとしても、たっぷりと残る。ホテルには専属バンドもいるので、そちらに払う必要もない。20代で、それだけのおカネがあったら遊び歩くに決まってますって。

もっとも、あくまでも遊びの相手は芸者衆のような玄人さんですよ。芸者衆は遊びの相手であると同時に、小唄の弟子でもある。どうしても近づく。決して素人には手は出しません。だいたい僕には、A子という、結婚の約束をした女性がすでにいたわけですから。

A子も、生まれが生まれなので、玄人との浮気は、許容範囲でした。

当然、美登里とも、男女としては何もありません。どちらかといえば、先生と生徒の関係でした。

しばらくバックで踊ってもらったんですが、見ているとなかなかシロートっぽさが消えない。このままウチでやってもらっても伸び悩むな、と感じたんです。

そこで僕は、彼女を布美ちゃん、つまり三浦布美子に預けたらどうかと考えました。前にも云った通りに、布美ちゃんはいわば僕の「幼な馴染」で、大人になっても、一時は、真剣に彼女と組めないかと思っていたほどです。

残念ながら、もうそのころには布美ちゃんはテレビなどで活躍していて、そう簡単に組めるような相手じゃなくなっていました。けど、昔ながらの縁もあって、「このコの面倒見てやってよ」とお願いくらいはできました。

それに布美ちゃんもキャバレーのホノルルチェーンで日舞ショーとかやるようになっ

て、働く場所はたくさんあったんです。

美登里との再会

２年ほどたったころでしょうか。

フッと「あのコ、どうしてるかな」と気になって、電話してみたんです。正直、ちょっと下心もあったかな。あのＡ子と別れた後だったんです。Ａ子とはケンカ別れとかではありません。ウチのオフクロに強硬に結婚を反対されて、それで別れざるを得なくなったというか。

Ａ子だけじゃありません。僕は女のコとお付き合いするると、まずは一度オフクロに紹介していたんです。オフクロに紹介しなかったコまで含めると何十人いたか、もうわけわからないくらい。ほとんどが芸者か水商売で、比較的金づかいは荒いし、あまり家庭的とはいえないようなコたちでした。

ダメでしたね。オフクロは絶対に許してくれなかった。

Ａ子の前には、その後、ヒット曲を出して一流歌手になった女のコとも、一時期、付き合っていました。向こうの親御さんにも紹介されて、気に入られてもいました。オフクロはクビを縦に振りませんでした。「あのコはダメ」って。

A子と別れたのは、僕が30になるかならないかくらいでした。相変わらず「ホテル紅葉」などの仕事はあって生活には困らないし、芸者遊びも続けていたものの、漠然とした将来に対する不安はありました。

「このまま歌を続けて、やっていけるんだろうか?」

前をいった後輩たちがどんどんヒット曲を出して、自分だけが取り残されたような気持になっていたのです。

仕事も、私生活も、やや行き詰まり感があったんですね。なぜかその時に浮かんだのが美登里でした。「あ、あの若くてかわいいコとまた会いたい」と。

ちょうど熱海グランドホテルに出演していて、電話で「ちょっと遊びに来ない?」と誘ったんです。そしたら、わざわざご両親連れて、ステージを見に来ました。彼女なりに、僕が布美ちゃんのところを紹介したのに感謝してくれていたのでしょうね。

僕もお返しのつもりで、彼女が出ているステージを見に行きました。「ホテルニューフジヤ」で三浦布美子のバックで踊っていました。10人くらいいたメンバーのひとりで。

ちなみに、メンバーの中には、あとで「家元制度撤廃」と叫んで有名になった花柳幻舟もいました。トラブル起こして、すぐやめちゃったらしいけど。

美登里、良くなってましたね。以前にあったギコチなさがすっかり消えて、プロの色気のある踊りになってました。

特に三味線の伴奏に踊りを合わせるリズム感が抜群にいいんですね。間がいいっていうか、うまく自然にスーッと三味線の刻むリズムに溶け込める。そういうのはお稽古したからって出来るもんじゃない。天性です。布美ちゃんも、「あのコは間の取り方がいい」って認めてくれてました。

間のいい踊り手って、自分が踊る以上に、振付けをやるととてもうまいんですね。だから一緒になった後も、僕はあまり美登里の踊りは誉めた記憶ないですけど振付けは誉めます。「うまいねぇ」って。

美登里との同棲スタート

ごく自然な流れとして、僕と美登里は同棲するようになりました。彼女には何度か、

「芸能界で男には騙されちゃいけないよ。お前は可愛いから、騙されるよ」

なんて何度も注意していて、はじめは悪い男から守ってやろうとしたら、僕がその悪い男になっちゃった。

同棲するっていうのは、いずれは結婚するつもりがあったってことでしょう。何より、ウチのオフクロが「美登里ちゃんならいいわ」って認めてくれたのが大きかった。まだハタチになったかならないかの彼女をウチに連れて行ったら、「あ、このコなら大丈夫ね」ってあっさり。

とにかくオフクロは僕に入れ込んでいましたからね。当時でも千万単位、いまなら億単位のおカネをつぎ込んでたんじゃないかな。古賀先生やレコード会社の人たちへの御礼は欠かさなかったし、衣装だって一枚何十万もするものをジャンジャン買ってくれましたから。兄貴たちから、「なんであいつばっかり」って焼きもち焼かれていたくらいで。

それだけにオフクロが認めてくれる相手じゃないと結婚はできません。

オフクロにとっては、カタいサラリーマンの娘で、話していてもしっかりしている美登里と会って、安心したんじゃないですかね。

美登里は、堅実な娘で、横浜からわざわざ東京までお稽古に通うのが大変だってなっ

箱根での美登里とのツーショット

て、僕は、

「アパート代くらい出してやるから、風呂付きの、そこそこの部屋借りろよ」

って言ったんです。当時は3万も出せば、東京でも2DKの部屋くらい借りられましたから。営業で、それなりの収入もありましたし、ぜんぜん苦にはならなかった。ところが、「いいの、もう借りたから」って、下北沢の、風呂なし、共同トイレの家賃6千円の四畳半の部屋を借りてしまったんです。

このあたりが、それまで僕が付き合っていた別のコたちとは決定的に違う所でしたね。

他のコなら、「なによ、これ」って、

絶対に四畳半なんかには住まない。

また、こういうところが、オフクロを安心させた理由でしょう。

私も、ずっと千住にあった広い実家で暮らしていたのが、ちょくちょく、その四畳半に通うようになって、やがては住みつきました。

「遊び人」返上

チグハグな生活でした。当時、僕はもう車を持ってました。真っ赤なコロナ。まだ車の数も多くなくて、赤坂あたり、路上駐車しても違反にならなかったのは覚えてます。

彼女の部屋に行っても風呂がないから、その車に乗って銭湯行ってました。

こっちも年の半分は熱海とかホテル紅葉とか、地方を回ったりして、いない。彼女も三浦布美子ショーを続けてたんで半年くらいはいない。一緒にいたのも年のうち数カ月でしたが、東京にそれぞれが戻ると、また同棲生活が始まる。

美登里は、料理がうまいんですよ。どちらかというと僕は贅沢な料亭料理とかステーキばかり食べてたほうだから、かえって彼女の作った煮物なんかは新鮮で、本当においいしかった。

「肉じゃが」なんて美味かったですよ、踊りよりセンスあるんじゃないか、って冗談で言って怒られたけど。天ぷらなんかもうまかったし、トンカツやらオムライスやら作らせてもうまかった。

研究熱心なんですよ。僕が、うまい店に彼女を連れてくでしょ。するとレシピをメモしたり、すぐに研究して、作れるようになる。

食材も、そんなに高価なものは買わない。金銭感覚がしっかりしていて、贅沢にあまり興味がないんです。ただ、着物だけは、日舞の必需品ですし、「いい」と感じたものは少々高額でも思い切って買ったりすることはありましたけど。

ウチのオフクロにとっても、こういう堅実な嫁が理想的だったんだな、と思いますよ。おかげで、お稽古以外で、神楽坂や湯河原あたりに行く回数はめっきり減りました。だって、そういうところに遊びに行くより、美登里のところで手料理食べるほうがずっと楽しかったから。

もう遊び人の看板返上です。

下北沢といえば、古賀先生のお宅にも近いでしょ。だから、よく先生のところにいた仲間たちが美登里の部屋に集まるようになってました。

あとで有名になった人たちも出入りしてましたよ。先生の内弟子で、代々木上原に住み込んでた大川栄策とか、先生のお弟子で『柔』の編曲も手掛けた佐伯亮、確か猪俣公章も佐伯が連れて来たんじゃなかったかな。それに事務で働いてる人や運転手や庭師や。

部屋にテレビがあったんですよ。それで週末なんて、馬券買って、みんなで競馬中継を見るわけです。いつも10人くらい集まってたかな。四畳半だから床が抜けそうで心配になるくらい。

そんな時も、美登里はちょうどみんなのお腹が満たせるように、10人分の料理を短い時間で作ってしまう。煮物から唐揚げから、早くておいしい。これがまた評判で、競馬中継以上に美登里の料理が食べたくて来る人間もいたくらい。

それでさんざ盛り上がった後に、3~4人で、車に乗って銭湯行ったりしていたわけですよ。

あれは楽しかった。それと同時に、美登里を改めて見直しました。このコはかわいいだけじゃない。生活力がある、と。

結婚式にて

さっそく古賀先生のところにも挨拶にうかがった上で、昭和46年、新大久保のホテルで結婚式をあげました。僕が33で、美登里はまだ21。一回りも違う。でも、まわりでは「愛司さんは、美登里ちゃんに調教されて、遊びに行かなくなった」って評判になってたくらいで、結婚前から「かかあ天下」でした。

では、またここで美登里に登場してもらいましょう。今から考えると、よく一回りも上の「遊び人」と一緒になったもんだ、と不思議な気もします。

さて、本人はどう答えるやら。どう？

（天国からの絵川美登里の声②）

反対されました、まわり全部から。

「若いのに、なんであんな遊び人と結婚するんだ。そんなに急がなくても、もっといい男はみつかる」

特に大反対だったのが三浦布美子さんでした。

「ね、美登里ちゃん。私はあの人のことは子供の時からずっと知ってる。遊びっていったって、生半可なものじゃないのよ。あの人、結婚したからって、それをやめる男じゃないの。やめときなさい、苦しくだけよ」

知っていましたよ。お兄ちゃんは、男っぷりもいいし、歌もうまいし、三味線だって上手だから、神楽坂あたりの芸者衆がほっとかない、とかいう話はいろんなかたから聞いていたし。

でも、そういうのって、あんまり気にはならなかったんですよ。まだハタチそこそこで、遊び人ていうのがどういうもんか、よくわからなかったし。

それに、人間て、みんなに「やめとけ」「やめとけ」と言われると、逆にムキになって「やってやる」と思っちゃうものじゃないですか。

単純に、お兄ちゃんの「芸」に惚れたってところはありました。ウットリするくらいでしたよ、ステージの上では。

お兄ちゃんのお母さんにも、気に入っていただけたみたいですし。私は普通の家に育った普通の娘で、ただ踊りが大好きだっただけなんですけど、お母さんにとっては、それが良かったみたいです。

お兄ちゃんはよく私と付き合うようになって遊ばなくなった、なんて言ってますが、とんでもない。結婚した後でも、私に隠れて、よくあちこち行かれていましたよ。知らないはずないじゃありませんか。

でもね、これはしょうがないこと、と諦めてはいました。そりゃ、こういう仕事をしていて浮いた噂が一つもないほうがヘンじゃありませんか。あくまで「浮気」で、「本気」じゃないのはわかっていましたからね。

第三章　絵川流創設！

お兄ちゃんと一緒

結婚したといっても、当初は下北沢の四畳半に住んでいました。

ただ、いくらなんでも狭すぎるとなって、東京・杉並の方南町に家を建てることにしたのです。

はじめの計画では一戸建てに二人で住むつもりが、美登里のお母さんから、

「どうせならアパートにしちゃいなさい」

と忠告を受けて、従うことにしました。お母さん、横浜のご自宅の敷地にアパート建てて、それでうまく家賃収入をあげていたんですね。だから、アパート経営のやり方はみんなわかってる。

僕は建設費だけは出して、自分たちの住む分と、あと4世帯が入れるアパートを作りました。あとで、阿佐ヶ谷に移った時も、半分住まい、半分アパートにしています。家賃収入は本当に助かってる。これがあったおかげで、あまり生活費の心配をせずに歌や踊りの道に集中できましたから。

結婚してしばらくは、美登里も三浦布美子ショーは続けていました。赤坂の「ミカド」あたりのショーは僕も見ましたが、華やかで美登里もキレイでしたよ。

アパートの大家としての仕事も彼女にやってもらってました。まだ21か22だったでしょ、不動産屋に店子を捜してくださいって頼みに行ったら、部屋を借りに来た側と勘違いされたり、借りに来た人たちが、あまりに若い大家さんでビックリしたり、いろいろありました。でも、ちゃんと管理人としての仕事はやってたし、あれから50年近くたつ間も、大きなトラブルはなく、アパート経営は続きました。

僕の方としては、相変わらず「ホテル紅葉」や、ホノルルチェーン、月世界チェーンといったキャバレー回りの仕事が中心でした。

考えてみたら、僕がやっている小唄歌謡は日本調のクラシックでしょ。欧米のクラシック音楽が一部愛好家に好まれても、そんなに一般的に広がらないのと同じで、こっちも邦楽好きの愛好家にはウケても、そう世の中に広がるもんじゃない。

正直、僕は「スター」になりたかったからね。欲深だったんです。でも、流行歌のほうには行けなかった。古賀先生との最初のいきがかりもあって、日本調にこだわっていくしかなかった。

美登里はあんまり欲のない女でね。「もっと稼ぎなさいよ」「もっと有名になるために頑張らなきゃ」なんて、一切シリを叩いたりしない。その点でも、付き合ってきた他の女のコたちとは違いました。一緒にいてホッとする。「あの着物が欲しい」とか「この指輪買ってよ」なんてコが多かったから。

「いいじゃないの、焦らなくても。お兄ちゃんにはお兄ちゃんの良さがあるんだから」

なんて言ってくれてました。

そういえば、あいつは僕のことは、ずっと「お兄ちゃん」と呼び続けてました。今振り返ると、僕らは、年が離れてたのもあって、「夫婦」っていうより「兄妹」って感じだったのかもしれません。ときどき、生まれた時からずっと一緒に暮らしてたような錯覚に陥ったりしたものです。

新舞踊との遭遇

昭和49年くらいでしょうか。まさに僕にとって人生の転機になるようなことがあったんです。

日舞と言えば、花柳流や藤間流、坂東流、若柳流、西川流の五大流派がよく知られています。どれも歌舞伎と深いつながりのある、伝統と格式のあるところで、美登里が幼いころから修業したのも、その一つの坂東流です。

昔は、「日舞を習っている」といえば、まずこの中のどれかでお稽古していたわけです。ところが、昭和40年あたりからですかね。そういうところに属さないで独自の踊りをやっている「新舞踊」が急にさかんになりはじめたんです。

広がり始めたころは、僕もあんまり注目はしてませんでした。一応、五大流派のほうを「古典」としますと、古典の方々のほうが明らかに芸はしっかりしていますし、比較するのもおこがましいくらいに差があった。

関わりを持つようになったのが、新舞踊の一つ、藤扇流の家元・藤扇祥扇さんから、「江河さんの曲をぜひ振付けさせてほしい」

と申し出があってからです。家元は、もともと藤間流にいた方で、そこから独立して藤扇流を旗揚げされていたんですね。それで縁が出来て、藤扇流の発表会にゲストで呼ばれました。

いや、もう本当にカルチャーショックでしたね。え？　今時、日舞でこんなに人がいっぱい来るの？　と信じられないくらい。楽屋の方も一杯なら、客席もいっぱい。どちらも入りきれないくらい。

前から、日舞の発表会は、ゲストで呼ばれて何度も行ってました。もちろん古典の方です。家元の会なら客席は埋まるにしても、師範クラスなら、せいぜい5割か6割。しかも踊りを鑑賞する雰囲気で、客席も静かです。

これが藤扇流のステージときたら、声援も拍手も流行歌手のコンサート並み。活気が凄いんです。

人気の理由がわかりました。一言でいうなら「親しみやすい日舞」なんですね。

古典のように敷居が高くない。

古典なら、曲はどうしても長唄だの清元だのになるでしょ。新舞踊は演歌でも普通に踊る。五木ひろしの『千曲川』でも踊るし、北島三郎の『兄弟仁義』でも踊る。ひばりちゃんの曲なんて、ピッタリですよ。

だからおカネもかからない。古典なら、発表会には三味線やら尺八やら、一通り「生バンド」に来てもらわないといけないわけです。ところが新舞踊はレコードもってきてかければそれでいい。

衣装も、古典ほどおカネをかけなくても、そんなに恥ずかしくはない。妙だとは思ってたんです。『恋のからかさ』とか、僕が10年以上も前に出したようなレコードが、なぜかそのころにまた売れ出してたんです。理由がよくわからなくて、ずっと不思議だったんですが、やっとわかった。

新舞踊の皆さんが、踊りで使っていたんですね。

これはチャンスだ、と感じました。日舞ならば、より日本調の曲がいいに決まっている。でも、長唄のような完全な「邦楽」までいくのは荷が重い。だとしたら、僕の小唄歌謡は一番うまくハマる。

新舞踊と組んで、世の中をアッといわせてやろう、と考えました。

古賀先生も大乗り気

さっそく古賀先生のもとにご報告にうかがいました。

「新舞踊が異常に盛り上がってます」

そしたら、先生、ひどく喜んでいただきましてね。日本の伝統芸能の日舞に新しい波が加わるのはとってもいいことだ、とハシャイでいたくらい。

さらに意外なことをおっしゃるんです。

「せーぼう、お前がやれば」

いっそのこと、僕が新舞踊の新しい流派を作って、今あるいろいろな流派のまとめ役になればいいじゃないか、と。

さすがにそれはお断りしましたよ。一応は日舞のお稽古もしていたとはいっても、僕の本業はあくまで「歌手」。小唄ならともかく、日舞を人に教えたりはできません。

すると、先生、

「だったら、お前の奥さんを家元にすればいい。確か坂東流の名取で、一流の舞台にも立ってたんだろ」

とんでもないお話、と最初は感じたんです。でも、よく考えてみたら、出来ないことでもない。踊りに欠かせないのは歌ですが、歌ならいくらでもある。バックに古賀先生がいらっしゃって、「ウチの歌を使うな」なんて抗議するレコード会社はまずないです。

他人になかなか自分の歌を歌わせないひばりちゃんだって、僕がひばりちゃんの歌をステージでうたうのに一言も文句はいわなかった。古賀先生の弟子、というので僕に一目置いてくれていたからです。

古賀先生の全面的支援があれば、これは日舞の古典側が日本舞踊協会を作っていたように、新舞踊協会だって作れるのじゃないか、と

絵川流スタート。しかし・・・

美登里には断られました。

そらそうでしょう。25かそこらで、藤間や花柳みたいな家元の家に生まれたのならともかく、普通のサラリーマンの娘に、いきなり「家元になってくれ」ですから。

もっと野心マンマンの女なら、「やってやるわ」になるだろうけど、そういうタイプでもなかったんです。ただ踊りが好きなだけ。彼女の両親もそれを認めていて、「一緒になるのはいいが、大切な一人娘だし、踊りだけは続けさせてやってくれ」ときっぱりと言われてたんで。

僕としちゃ、古賀先生がついてるんだから早くスタートしなきゃ、ってそればっかりだったんで、まず回り固めちゃおうと、NDT時代の仲間達に相談したんです。オヒョイとか、NDTで同期で、コマ劇場の部長をやった伊藤隆とか、土居甫とか。

伊藤隆はね、「絵川美登里」という名前の名付け親でもあるんですよ。本名は「みどり」だったのを、華やかにしようと「美登里」にして、「江河」はちょっとカタいから「絵川」のがキレイじゃないか、としたんです。それで流派も「絵川流」になった。

仲間たちも、みんな乗り気になってくれました。お祭り騒ぎが大好きな連中ですから、こういう賑やかな話は大好物。

彼らが口々に「やんなさいよ」「ぜひやってほしい」なんて迫ってくるもんだから、美登里もとうとう追い詰められて「はい」と答えるしかなくなっちゃってた。

昭和51年、絵川流はスタートしました。家元は美登里。僕は創立者ということで「創主」になりました。

新流派立ち上げを利用して、自分が大きく飛躍したい気持ちは、もちろんありましたよ。新舞踊界の勢いに乗っていけば、自分もスターになれるかも、なんて。そんな下心

古賀政男先生と僕

は皆無、なんてウソはつきません。下心はあったんです。

でも、それだけじゃなかった。

当時の新舞踊を見渡してみると粗製乱造でひどいものだった。全国で何千と流派があって、家元もいたんです。僕が稽古場の一つを作った千葉の我孫子近辺にも20人くらい「家元」がいました。

中には、東京に野菜を売りに行く担ぎ屋のオバチャンが、いつも行く神楽坂で芸者衆の踊り見て、「あれくらいならできる」って地元に戻って教室開いちゃったりしてたのもありました。踊りといっても、ほとんど盆踊りのレベルで、とても「日舞」と名乗れる代物じゃない。発表会っていっても、白塗りして眼鏡かけて、腕時計や指輪を平気でして出て踊ってる人たちもいました。日舞の冒涜です。さすがに昨今は、そういうことはなくなってきていますが。

これ、なんとかしなきゃ、と真剣に思いました。

古賀先生をトップに据えた新舞踊協会の構想も進みつつあったんです。先生が張り切っちゃって、テレビ番組の企画まで立ち上がりました。素人さんが唄って踊って、それを専門家が採点するっていう。当時は、歌のコンクールみたいな番組がけっこうあって、古賀先生も審査委員長で出演されたりしていたんです。だから、そういう番組のスタッフに話をもっていったら、十分にやれる、と。

よし、これで華々しい船出が出来る、と意気込んでおりました。ところが、好事魔多し、でしょうか。とんでもないことが起きてしまった。

肝心の古賀先生が倒れられたんです。

作曲家は50まで・・・

脳梗塞でした。なんとか体は動くし、日常活動もそこそこにはおできになる状態でしたが、とても新舞踊協会設立のために働く、とはまいりません。

僕たちも残念でしたが、古賀先生ご自身が一番悔しかったでしょう。不自由なお体ながら、それでもテレビの取材にお答えになったりはしてました。でも、弟子としては、「先生のイメージを崩さないためには、もう出演は控えられた方がいいかな」が実感でした。日本中に夢と希望を与えた偉大な先生は、やはり偉大なお姿のままでいていただきたかった。

昭和53年、古賀先生はお亡くなりになりました。そして死後、すぐに国民栄誉賞の受賞が決定したのです。

先生のおそばちかくにいて、忘れられなかった言葉は数々あります。中でも、最も強く思い出に残ったのは、なぜかポツリと漏らされた弱音でした。

昭和40年くらいですから、先生がまだ60歳を過ぎたばかりで『柔』や『悲しい酒』や、ヒット曲をたくさん出されていたころでした。そんなときに、先生はこうおっしゃったんです。

「作曲家は50までだなぁ・・・」

先生によると50歳になるくらいまでは、もう湯水のごとくメロディーが浮かんだというのですね。ところが、それを過ぎると、どんどん浮かんでこなくなる、と。

しかし、50歳過ぎても先生は数多くのヒット曲をお出しになったじゃないですか、とつい言ってしまったら、

「いや、みんな、リメイクだよ。昔作ってヒットしなかった曲は山ほどある。それをひっぱり出して作り直したんだ」

ひばりちゃんの『悲しい酒』にしても、もともとは、まったく別の歌手のために作って、ヒットせずに埋もれていた曲なんですね。それを弟子の佐伯亮が、

「ぜひひばりちゃんにうたってほしい」

と先生に頼み込んで、佐伯がアレンジし直したんです。何しろ、レコード大賞取った『柔』も彼のアレンジで、冒頭のドンドン！　っていう太鼓の音なんて、彼ならではのセンスでしたもんね。

『悲しい酒』も、前よりもずっとスローに仕上げて、それを先生に聴いていただいた時、先生は、

「なんだ、これは『影を慕いて』そっくりじゃないか」

佐伯はすぐ答えたそうです。「柳の下にはドジョウが2匹いるんです」と。信頼する佐伯の言葉に、先生は、「じゃ、それでいい」と認められたとか。佐伯はその後もひばりちゃんに信頼され続けて、最後の東京ドーム公演までずっと音楽監督をつとめてました。

古賀先生ご不在で新舞踊協会の設立はあり得ません。トップに座っていただく方がいて、はじめて、バラバラなものが統一できるのです。設立構想は宙に浮いたまま、現在に至っております。

佐伯亮と芳村伊十七

佐伯とは、ほぼ同期生のような感覚でしたね。古賀先生のもとに入ったのもほぼ同じくらい。年は僕のほうが一つ上かな。古賀先生の曲だけでなく、『命くれない』や『女

のみち』や、大ヒット曲をアレンジして、レコード大賞も何度もとっています。なぜか作曲した歌はそれほどではなくて、編曲家としては日本一。

僕のデビュー曲のアレンジも彼。彼にとってもデビュー曲になります。平成に入ってから出した『恋の雪月花』も彼が作ってくれたものです。

芳村伊十七も、古賀先生を通しての古くからの馴染みです。邦楽の中でも有力な「大和楽」の二代目家元になった人で、年は僕と一緒。大和楽は明治以降に出来た流派で、西洋式の女性による合唱を取り入れたり、革新的なところです。

彼は、古賀先生の弟子というよりも、もともとは先生の三味線の師匠として古賀邸に出入りしていたんです。それで仲良くなって、ずっと付き合いが続きました。僕の『流れの牡丹刷毛』も作曲は芳賀稔となっていますが、実は彼のペンネームなのです。

彼、兵庫の姫路出身で、東京に出てきて板橋の安い一軒家に一人で住んでいました。まだ僕が美登里と結婚して一年くらいのころ、独身の芳村が、

「あんなコと結婚できて、うらやましい」

と盛んに言うんですね。彼だって、浅草の芸者衆に長唄を教えたり、女性の教え子もたくさんいて、その気になれば、すぐに相手は見つかりそうなものを、なぜか、「うら

やましい」の連発でした。

しばらくして、昭和60年くらいでしょうか。彼が邦楽界でも押しも押されもしない地位についたころに、ようやく結婚しました。それで麻雀でもするか、と呼ばれて行ったら、なんと新居は品川プリンスホテル裏の500坪の邸宅。しかも、「いらっしゃいませ」と迎えてくれた奥さんは、恐ろしいくらいの美人。石川県金沢の、あの前田家にもつながりのある由緒ある家柄のお嬢さんだったんですね。

これが、あの、板橋のボロ家で一人暮らしして、僕らの結婚を羨ましがってたのと同一人物かと思うくらい、驚きました。

そんな佐伯も、芳村も、70の声をきいた途端、相次いで亡くなってしまいました。まったくの同世代ですからね、寂しくてたまりませんよ。

それに、生きていれば、僕のためにもいい曲を作ってくれたんじゃないかと思います。残される辛さを、2人の死には感じましたね。

さて、無理やり「家元」に仕立てられた美登里、本人の気持ちはどうだったでしょう。どう思ってた？

（天国からの絵川美登里の声　③）

そりゃ、驚きますとも。

私は、踊りが好きだからって、自分が家元になって流派を開くなんて、夢にも考えませんでしたからね。

大変なのはわかっています。どうやってお弟子さんを増やしていくか、お弟子さんをどうやって上達させていくか、経営のことからお弟子さんの技術指導のことから、もう、やらなきゃいけないことはたくさんある。

とてもやる自信はありませんでした。

でも、お兄ちゃんはうまいんですよ。自分じゃあんまり言わずに、まわりに言わせるの。昔の仲間だった伊藤隆さんとか。「奥さん、こいつのためにやってあげてもいいじゃないか」みたいに。

やっぱり、一番効いたのは古賀先生の一言かな。

「僕が後見するから、君が家元におなんなさい」

あの古賀先生にそう説得されて、ちょっと断れないですよねぇ。

三浦布美子さんも、

「おやんなさい。あの人と一緒に力を合わせれば、きっとうまくいきますよ」

と後押ししていただいて。

お祭りとおんなじ。私自身はただ突っ立っていただけなのに、いつの間にかまわりが、私をお神輿にしてかついで、掛け声かけながら歩き出しちゃった。しかも、やたらと盛り上がっている。

仕方ないですよ。まだ26かそのくらいだったのに、とんだ重荷を背負わされてしまった。

絵川流の稽古場は当初は阿佐ヶ谷の自宅でした。

半分はアパートにして、もう半分を自宅にしていたのですが、その自宅部分の８畳の洋間です。

生徒さんは、お兄ちゃんの昔のＮＤＴの仲間の人たちも協力してくれたし、特に伊藤隆さんなんかは積極的に後輩の方とかに声をかけてくれました。

ＮＤＴの若い人たちの中でも、お兄ちゃんの名前はそこそこ知られていたみたいですね。ダンサーから日本調歌手になった変わり種っていうのもあって。それで最初の段階では50～60人集まったんです。ただし、それが簡単に定着はしない。1年しないうちに20～30人くらいに落ち着きました。その残ったメンバーこそ、絵川流のオリジナルメンバーというわけですね。

第四章　新舞踊全盛の中で

『流れの牡丹刷毛』で「歌謡舞踊曲」誕生

昭和52年、僕にとって、非常に大きなステップになる曲が発売されました。『流れの牡丹刷毛』です。この曲がどうそれまでと違うかといえば、踊りの振付けを新舞踊ではなく、古典の、しかも家元クラスの方がやったというところなのです。

それまで、僕は、いわゆる演歌ではなく、「小唄歌謡」として、邦楽の要素を取り入れた日本調の曲をうたってきました。

新しい試みもしてきました。端唄、小唄をジャズでやるなんていうのは僕が最初でしょう。あの市丸さんでさえ、やりたかったけどできなかったみたいです。

ただ「小唄歌謡」については、その振付けに関しては、古典派といわれる方々にやっていただいたことはありませんでした。

というよりも、西川、花柳、若柳、藤間、坂東といった五大流派のトップにあたるような皆さんは、演歌や歌謡曲の振付けなんて、やらなかった。「格式」を重んじていたわけなのです。

『流れの牡丹刷毛』ジャケット

一方、まだ生きてらした古賀先生は、

「このままでは新舞踊は世の中に認知されない。古典派ともしっかりパイプを作ってもっと広めていかなくてはいけない」

とお考えだったのですね。さっそく『流れの牡丹刷毛』を「小唄歌謡」ではなく「歌謡舞踊曲」と銘打って売り出し、先生は振付けを五代目花柳芳次郎先生にお願いしたのです。芳次郎先生といえば、その後、四代目寿輔となって花柳流家元を継いだほどの古典の重鎮。古賀先生のお声がかりだからこそ、受けていただいたのです。

これで一気に流れが変わりましたね。三代目寿輔の花柳若葉先生も、ぼくの曲を振付けてくれるようにもなりました。

古典の家元クラスが演歌などの振付けをするのに抵抗がなくなって、古典と新舞踊との垣根が、なくなったとはいいませんが、一気に小さくなっていったのです。

僕とは直接の関係はほぼありませんが、日舞の大衆化、の点では、花柳啓之さんが果たした功績は大きいでしょうね。

花柳さんは二代目の寿輔、つまり若葉先生のお父さんのお弟子さんですかられっきとした古典派なんですが、戦後、積極的に歌謡界の大スターたちに協力して、その歌の振付けからショーの構成まで手掛けられた方です。ひばりちゃんをはじめ、村田英雄さんから橋幸夫さんから、昭和を代表する方々は、みんな啓之さんにお世話になったといっていい。

また啓之さんは、やり方がうまいんですね。有名歌手のショーを手掛けるでしょ、そうすると、その歌手に無料で「花柳〇〇」と名前を与えて、自分の踊りの弟子になってもらう。

そうなればマスコミも扱ってくれるし、一般でも「あのスターの師匠なら」と思って、弟子入りしてくる人も増える。

プロデュース能力が抜群だったのです。そもそも古典の方々がほぼ目を向けなかった歌謡曲の分野に誰よりも早く踏み込んだ先見の明はたいしたものです。また、振付けも、誰にも受けそうな、シンプルで大衆的なものにしていきました。

ひょっとすると、この方が「新舞踊の生みの親」のような存在なのかも。

今、紅白歌合戦などで日舞の振付けをされている花柳糸之さんは、この啓之さんの直弟子です。

「男踊り」も「女踊り」も得意だった美登里

絵川流をスタートさせてからの3、4年が新舞踊の世界もピークの時期だったかもしれません。

雨後の筍っていいましょうか、とにかくあちこち、やたらと新しい流派ができていきました。もっとも、僕の目から見ても、まともに踊れているのは、せいぜい一割かそのくらいでしょうか。

結局、それほどの基本がなくて、民謡を踊っていた人たちや盆踊りレベルの人たちが、「日舞もどき」を始めて、そのまま「家元」を名乗っちゃっているのが多かったんです。別に家元になるのは資格はいらないわけで、自分が「私は家元です」って宣言すればそれでいいだけですし。踊りだって、歌詞に合わせた動きをするだけの、いわば「あてぶり」なんです。今はだいぶレベルが上がっていますが。

その点で、やはり古典を習得して、名取や師範になっている人たちは、レベルが一段違いましたね。

「男踊り」をする美登里

ただ、あのころは、古典の世界から新舞踊にやってくる人はけっこういました。古典ですと、どうしても堅固な家元制があって、なかなか自分の色を出せないでしょ。ならばもっと自由に、自分のやりたい踊りをやろう、と新舞踊に転じてくる。

その人たちは、やはり盆踊りとは違う。単なる「あてぶり」とは違う、踊りとしての美しさがありました。

ウチの美登里も、10代で坂東流の名取になっただけでなくて、三浦布美ちゃんのところでみっちり鍛えられてきたのもあって、新舞踊の他の家元に比べても、まず負けませんでした。これは身びいきではありませんよ。

普通、日舞には「男踊り」と「女踊り」があるんです。「男踊り」では、男性的な凛々しさを強調するわけですし、「女踊り」は女性的な嫋やかさが大事になります。

当然、普通は男踊りなら男が得意だし、女踊りなら女でしょ。でも、時には、どちらも一級品という踊り手がいる。たとえば当時の扇雀さん、今の坂田藤十郎さんですね。

あの方はうまかった。男を踊れば何とも言えない力強さがみなぎっていて、女になればえもいえない色気がにじみ出る。あれはたぶん天性です。努力したからってできるようにはならない。

さすがに扇雀さんと同列にはできないとしても、美登里も両方うまかったのです。そりゃ、芸の違いは、少しやればすぐにわかりますよ。ブームにつられて新舞踊に入ったはいいが、そこの家元の踊り見たらあまりに物足りなくて、絵川流に流れてきた人もだいぶいました。

美登里にはそれだけの力はありました。

市川五百蔵

家元は美登里とはいえ、絵川流を広めるプロデュース役は僕です。

そこで僕は、絵川流のために、一つ、大きな布石をしました。美登里に「後見人」を付けたのです。

呼んできたのは、僕の東宝芸能学校の同期生でもあった歌舞伎役者の市川五百蔵（いおぞう）。彼はまた、花柳流の重鎮で家元並みの力を持っていたといわれる花柳三之輔さんの一人息子だったのです。なぜかあだ名は「もぐら」。歌舞伎界では「市川中車」の名前を継ぐかもしれないといわれていたのですが、そちらの方はどうもお流れになってしまったようです。先々代松本幸四郎が演じた最初の『鬼平犯科帳』にも同心の役で出演していたことがあるので、顔はわかる、という方もいますかね。いや、もう50年くらいたってるので、ちょっと無理かな。

その彼が絵川流立ち上げに協力してくれた上に、美登里をバックアップもしてくれたわけです。

僕と同じ学校の仲間だったから、だけではないです。彼にも彼なりの事情がありました。

お父さんの三之輔さんが亡くなって、お弟子さん達が分裂してしまったんですね。偉大な師匠が亡くなると、そのお弟子さんで有力な人が、自分の教え子を引き連れて独立していく、といったことは舞踊の世界では珍しくありません。

五百蔵も、舞踊家としての自分の活躍場所を求めていた。それで絵川流を選んでくれたのですね。

まあ、学校にいたころから、典型的なお坊ちゃまでした。まだ学生の身分で、昭和30年くらいに、もう自家用車持ってましたから。

絵川流での名前は「絵川加寿扇」。

本音として、彼の花柳流の中での実力者・三之輔の「御曹司」、という肩書に魅力を感じていたのは事実です。新舞踊は古典と違って「歴史」はありません。それだけに余計に伝統に対する憧憬は強いのです。彼の血筋についてはみんな知っているわけですから、看板になってもらえる。

古賀政男先生のお声がかりがあって、花柳三之輔さんの息子さんが後見しているとなれば、自然に家元・美登里にも「箔が付く」ではないですか。

踊りの部分でも、五百蔵の参加はメリットが大きかったのです。彼は、子供のころから歌舞伎の所作を教えられているので、それを美登里に伝えてくれました。通常、日舞はさほど広い会場で披露するわけではないので、どうしてもスケール的には小さくなりがちです。それを大劇場中心の歌舞伎の所作でやると、全体的にオーバーな表現になる。そのあたりを教えてもらって、美登里の踊りもますます引き出しが多くなりました。

五百蔵は、美登里以外に直接指導することはほとんどありませんでした。しかし、その存在は絵川流の「重し」として大切なものでした。

『恋のからかさ』を知らなければモグリ

そのころの僕の活動というと、「ホテル紅葉」のショーなども定期的に入ったものの、新舞踊のイベントにゲストで呼ばれるのが圧倒的に多くなりました。残念ながら昭和50年代には、キャバレー営業は下火になっていましたね。

僕の曲、というか特に『恋のからかさ』は、新舞踊界にとっては、特別なものだったのです。古典につながる小唄の要素を持ちながら、船村先生の作曲だけあって流行歌としての新しさもある。つまりは、普通の歌謡曲で踊るよりもワンランク上の感覚でしょうか。

だいたい、しっかりした踊りの基礎が出来ている人でなくては、踊れない。「間」というのでしょうか、普通の歌謡曲ですと、前にも言った通りに、歌詞にあわせて「あてぶり」で踊ればそれなりにさまになってしまう。極端にいうと、けっこういい加減でもごまかせるんですね。

ところが『恋のからかさ』を踊るには、三味線などの演奏を前提として、古典特有の

「間」がわかっていないと、板につかない。邦楽はリズムを刻まないんです。西洋音楽のリズムの感覚でやってもダメで、途中で入る掛け声一つとっても、ここにもまたえもいわれぬ「間」がある。体でおぼえるしかないんです。

踊り手の技量を見るにはちょうどよかった。ですから、腕に自信のある新舞踊の方々が競うように『恋のからかさ』を踊ってくれました。

おかげさまで、新舞踊界で僕のことや『恋のからかさ』を知らなかったらモグリ、といわれていたくらい。

各流派の家元たちから、その『恋のからかさ』をうたう歌手・江河愛司として呼ばれました。

雑誌の、それも女性誌あたりにはよく取材されました。ちょうど読者層と新舞踊に興味がある層がかぶるんでしょうね。僕らの方から売り込んだのもあったけど､多くは｢新舞踊ブーム」に興味を持って、向こうから取材に来てくれた人たちでした。当時は入門希望者っていうと、40代前後の女性が中心。女性誌で取り上げてもらえると、一番効果的なんです。

ぼくの曲以外だと、どうしてもひばりちゃんの曲で踊る人が多かったです。年代的にも、ちょうど「ひばり世代」の方々がたくさんいたから。

ひばりちゃんの場合は、小唄もうまければ、演歌だって、ジャズだって唄っちゃう。もう別格な歌手で、新舞踊とも切っても切れない関係がありました。

ちょっと自慢話になりますが、昭和63年に、僕がA面でひばりちゃんの代表曲の一つ『お祭りマンボ』をカバーし、B面がひばりちゃんの『深川さのさ節』というレコードも発売されています。普段は自分の持ち歌を他の人がカバーするのは嫌がっていたひばりちゃんですが、この時は、

「あ、江河さんならいいわ」

と快く承諾してくれたそうです。たぶん、尊敬する古賀先生の弟子、ということで僕を認めてくれたのだと思います。「江河・ひばり」共演の一枚、宝物です。

最高の名コンビ

絵川流の運営については、もう美登里は僕に任せっぱなし。うまく役割分担ができてたっていいますか、年が離れてるし「夫婦」というより「兄弟」でしょう。それで細か

ひばりちゃんと競演したレコード

いことになると、

「お兄ちゃん、頼む」「お兄ちゃん、やっといてちょうだい」

おカネの収支決算は、彼女は一切タッチしない。もっぱら僕と、伊藤隆と五百蔵で回していました。

それでいいんですよ。僕の方としても、美登里の踊りの腕が上がってくれるのが楽しみでもありました。

美登里は、次第に振付けの能力が抜群なのがわかってきまして、絵川流をはじめたころから、コロムビアでも彼女にドシドシ新曲の振付けをまかせるようになっていました。身内自慢になりますが、花柳啓之さんにも負けないくらいだったと思いますよ。

当時のレコードジャケットには、ちゃんと振りもついていて、「振付け・絵川美登里」と名前も載っています。

お弟子さんが、「この曲で踊りたい」とレコードを持ってきますよね。それを聴いて、3時間くらいかけるかな、あれこれ動いて振りを決めて、お弟子さんに伝授するんです。ときどきいいアイデアが出ないと、2〜3日、間を開けて、またあれこれと考えてみたりとかね。

『深川マンボ』を踊る僕と美登里

発表会の打ち上げにて

ここでも多かったのは演歌ですよ。ひばりちゃんを筆頭に、五木ひろしとか森進一とかね。

絵川流をはじめて3年目くらいかな、1500人は入る浅草公会堂で、絵川流の発表会もスタートさせました。

あの時のビデオも、今でもときたま見ます。さすがに美登里は一番輝いてた。家元だし、当たり前なんですがね。

僕がゲストで呼ばれたイベントにも、美登里は「付き人」としてよく一緒に付いてきてくれました。

そういう場に顔を出せば、いろいろな流派の皆さんに挨拶する機会も多いし、顔見知りになれる。人脈も広がるんですね。

新舞踊の世界でいったら江河愛司と『恋のからかさ』は一種のブランドになっていましたから、「江河の奥さん」といえば、まず粗略には扱われません。僕も、彼女を売り込むためにも、積極的にいろいろ紹介していきました。もちろん他流派のステージに、美登里が上がって踊るなんてしません。やるのは僕の身の回りの世話と、まわりへの挨拶。

いいコンビでしたよ。僕は、ちょっとキレやすくて、瞬間湯沸かし器になるのを、彼女がうまく抑えてくれたりね。

新舞踊の家元の中には、お弟子さんに必要以上にエラそうにしたり、空威張りする人もいるわけですよ。お弟子さんに限らず、周囲にもエラそうにしたり。本人は、それがさも家元の権威のしるしみたいに思ってる。

僕をゲストで呼んだ他流派の家元の中には、露骨に「オレがカネを出して呼んでやった」と態度に出るのとか、後輩のくせに先輩のぼくのところに挨拶に来ないとか、いっぱいいる。そういう時、僕はつい「何考えてんだ」って怒っちゃったりする。

美登里はいつも落ち着いてるんですね。

「まあ、いいじゃないの。あちらだって、お弟子さんに自分がエラいというところみせなきゃいけないんだし」

とかいろいろ言ってなだめてくれると、僕の気持ちもだんだん収まって、

「じゃ、いいか」

みたいになる。

こんなことが少なからずありました。のんびりしているというか、地味というか、美登里はあまり格上だの格下だのとか、そういうのを気にしない性格でした。

だから自然に誰とでも仲良くなれましたね。

「創主」である僕、「家元」の美登里、絵川流は、キレ役となだめ役で、うまくいってたんです。

＊＊＊＊＊＊＊＊＊＊＊＊＊＊＊＊＊＊＊＊＊＊＊＊＊＊＊＊

（弟子たちは語る「絵川流」と「江河夫妻」）

絵川千（斉藤弓子）・・・八王子

「稽古が終わると和気あいあいで、焼き鳥屋で宴会が始まるんです」

私が絵川流に入門したのは、もう、ちょうど絵川流が立ち上がって間もなくの頃、私は20代後半でした。実はその前、私は別の流派の舞踊団に所属していましたが、舞踊団の解散と結婚とで暫く舞踊から離れていました。そんな時、舞踊団の仲間が一足先に入門していた絵川流に誘ってくれたのです。家元の舞踊を拝見して、私が思い描いた方にめぐり逢えた、そしてとても素敵な方だなと思ったことを良く覚えています。

当時の本部はたくさんお弟子さんがいて、中には新人女優さん、タレントさん達がいらして、それは賑やかで、雰囲気も家庭的でした。家元の稽古は一般でいう見て習う的なものではなく、とてもていねいな指導でした。家元はジャズダンスもやられたり、舞踊も、商業舞踊として長年、舞台を踏んでおられたので、振り付けもモダンなものから、歌舞伎に出てくる見得や六方のようなものまで組み込まれたり、絵川流独特の振付けが多かったですね。その分、私達、弟子は苦労しました（私だけかな？）稽古中は恐かったあー！

でも、稽古が終われば、和気あいあいで飲み会。家元は日本酒が大好き。稽古場の近くに焼き鳥屋さんがあって、みんな打ち合わせにいく訳でもなく、いつの間にか酒好き仲間（弟子）が集まり、結局、家元中心に宴会になっちゃうんです。家元の飲みっぷりは豪快で底なしなんですね。家元は料理も得意で、あっという間におつまみから煮物、揚げもの、何でもサッサと作ってしまう。そんな時は創主に「美登里は踊りを教えるより「居酒屋・美登里」をやったほうが儲かるんじゃないか」なんてからかわれてました。

ご夫婦の仲は、ほんとによかったと思います。羨ましいくらい。

家元は、私たちと話すときと、創主と話すときでは、声が変わるんです。甘えた声になるというか、「お兄ちゃん」って、特にお酒が入ると、更に甘えっぽくなって、とても可愛かったです。

私は家元と二人になる機会が多かったのですが、そんなときは家元と弟子という立場を離れて女同士、お互いにかなり突っ込んだ話をしました。ケンカしたことあるの？とか、別れたいって思ったことは？「あるわよー！」っと。

叩かれたことも家出したこともあったそうですが、何しろ二人とも大酒飲みながらなので、残念ながら細かい原因については覚えてないんですよね。

家元はとってもさばけた、あまり物事にこだわらない凛とした女性だったと私は思っています。創主の独身の頃の武勇伝やらモテモテだった話を聞いている時も、ニコニコと楽しそうに聞いていましたね。結婚してから浮気はしなかった（多分）って信じていたと思います。だから毅然としていられたのでしょうね。

家元が亡くなる3、4日前、創主の身近な人たちが詰めていた時、家元はほとんど声が出づらくなっていて、病室に何人もの人が入ると暑いってジェスチャーで人払いをしたのですが、創主のお弟子さんが、「みんな出た方がいいの？」家元がコックリ。「お兄ちゃんだけ居ればいいの？」うなずくんです。とても可愛かったです。

創主は、家元に好きとか、愛してるなんて照れくさくて言ったことないっていわれてたので、「じゃあ、早く言ってあげないと。女性は口に出していってもらうと嬉しいですよ。後悔のないように」って。

そんな時、家元の意識が混濁としておかしくなって来て、創主は家元の手を握って「ミーちゃん、愛してるよ」って何度も。そしたら、家元もフッと元に戻って創主の手を振り払ったんです。たぶん、私たちも端にいたので、照れ臭かったのでしょうね。でも、内心は嬉しかったんだと思います。

創主と家元へ、私だけでなく、家族にまでの今までのご温情、心より感謝申し上げます。

＊＊＊＊＊＊＊＊＊＊＊＊＊＊＊＊＊＊＊＊＊

新舞踊復活の可能性

昭和51年にはじめた絵川流ですが、それから5年後くらいがピークだったでしょうかね。僕たちの流派に限りません。新舞踊そのものがピークだったでしょう。

絵川流の稽古場も支部も、日本全国に広がりました。ざっと20～30カ所はあったでしょうか。本部のあった東京は八王子にも大きな支部が出来て、あと首都圏では川越、伊勢原。一番弟子は新潟にいたし、北から仙台、名古屋、大阪、愛媛、高知、熊本、鹿児島と次々と開設していきました。

美登里は、なるべく小まめに、その支部を回っていました。新潟や仙台あたりまでなら毎月一回は行っていたし、鹿児島でも年数回は行っていたようです。

教え子もあわせて３０００人以上にはなりました。そのうち名取は３００人くらい、弟子をとってもいいとされる師範で30人くらい。浅草公会堂の年一回の発表会も毎年大盛況になっていきました。

前にも云った通り、家元も雨後の筍のように出て、一気に新舞踊ブームも広がっていたのです。

この時期が、古典派のように定着できるか、一時のブームで終わってしまうかの境目だったのかもしれませんね。結局は、ブームでしりすぼみになってしまった。

もし古賀先生にもう少し長生きしていただいて、新舞踊協会を設立した上に、今の相撲協会みたいに公益法人とかになっていれば、違った流れになっていたのかもしれませんが。

要するに、決まりごとがはっきりしている古典と違って、新舞踊はそれがない。その自由な部分がいいところで、才能のある舞踊家が伸びる可能性がある反面、あまり修業期間がない家元が乱立してしまう可能性もある。

音楽の世界で演歌が衰退していったのも大きいかな。日舞の古典は、ほぼ歌舞伎と一心同体みたいなところがあって、歌舞伎役者でありつつ踊りの家元、といった方もいます。それで、戦後になって衰退するといわれていた歌舞伎ですが、ちゃんとたくさんの名優も出て、人気を保ち続けて今に至ってる。

演歌はダメです。昭和の間は、横ばいから少し下降線くらいだったのが、ひばりちゃんが亡くなって以来、それにかわるだけの歌手は出ていない。自然と、その演歌をバックに踊る志望者も減らざるを得ない。

踊り手の方でもスターは出なかったですね。梅沢富美男あたりが本気で踊りに取り組んでくれれば可能性はあったけど。彼は小さい頃から『恋のからかさ』を踊っていたんです。今は、テレビでのんびり俳句作ったりしてるけど。

残念ながら、今、続けてる人たちの平均年齢も70歳を超えてるんじゃないかな。ピークの時に入った人が残って、そのまま下が入ってこなかったから。

でも、僕はまだ諦めていないんです。今、ダンスは若い人たちの間でブームでしょ。それに「よさこい祭り」や「阿波踊り」みたいなイベントは日本中で行われていて、若い人たちもたくさん集まってる。

ああいうエネルギーを新舞踊の側にも注入できれば、復活できるかもしれないと僕は見ているんですよ。


絵川流や新舞踊が順調に成長していったころ、美登里はその中でどんな気持ちで「家元」としてやっていったのか、本人から語ってもらいましょうか。

楽しかった？　シンドかった？

（天国からの絵川美登里の声 ④）

無我夢中でした。

いきなり「家元」にさせられて、いったい何をやったらいいのかさっぱりわからなかった。でもお兄ちゃんが、

「お前は踊りのことだけ考えていればいい。あとはこっちでやっとくから」

と言ってくれたので、少しは安心しましたが。

踊りの発表会は多かったですね。お兄ちゃんもあちこちに呼ばれて、『恋のからかさ』や『流れの牡丹刷毛』などをうたいました。

私も、何やかやと忙しかったですね。元来、のんびりした性格で、セカセカしたのはあわないんですけど、そうも言ってられません。

曲の振付けもやらなくちゃいけないし、お弟子さんに教える時間もなきゃいけないし。発表会でお兄ちゃんがゲストで呼ばれたりしたら、付いていくのも私の仕事。

でも、これがとても勉強になりましたね。今、どんな振りがハヤっているのか、お客さんが何にどんな反応をするのか、楽曲もどんなものを選んで踊る人が増えているのか、やはりいろいろ回ってみてはじめてわかることって多いんです。

日舞でも、古典と違って、新舞踊にははっきりした決まり事がほとんどないでしょ。だから余計に、日々、新しいものを取り入れようとする姿勢がないと、どんどん古くなっていってしまうんです。

五百蔵さんのアドバイスもとても参考になりました。歌舞伎特有の、オーバーでダイナミックな要素も、非常に大切ですから。

もう、瞬く間に過ぎた日々だったかな。落ち着いて立ち止まることもありませんでした。

主人や周りの皆さんの支えがなくては、何もできない「頼りない家元」でしたね。

第五章　夫婦で乗り切った危機

『思い出の記』をうたうことになって

絵川流をスタートさせ、一時期は3000人以上になった話はいたしました。

ですが、何から何まで順調にいったかとなれば、とんでもない。「好事魔多し」とよく言うように、危機は、いろいろな流れがスムーズに行っている最中に、いきなり訪れます。

僕たち夫婦の場合も、絵川流が発展しつつある最中に起こりました。あらかじめお話しておくと「おカネ」の問題です。

実は、その前段階として、僕に訪れたちょっとした「チャンス」がありました。

古賀先生のおつくりになった曲の中に『思い出の記』がありました。故郷で過ごした幼い日々に思いをはせる感動的な名曲です。昭和16年に、別の方が詞を書き、霧島昇さんがうたってヒットしていたのを、後に先生ご自身が詞を書きなおしています。

まだ古賀先生がご存命のころでした。NHKの『ビッグショー』という番組で、五木ひろしさんがこの曲を唄ったんですね。それでとても気に入って、先生に、

「ぜひカバーさせてください」

と申し出て来たんです。先生の方としては承諾してもいい気持ちもあったようなのですが、コロムビア側がＯＫを出さなかった。あの曲はコロムビアの財産だから、他のレコード会社の歌手に唄わせるわけにはいかない、ということなのでしょう。

その代わりに、古賀先生が曲を書いて、寺山修司さんが詞を書いた『浜昼顔』を、五木さんは唄いました。ヒットもしましたね。

さて、そうなると、せっかく五木さんも気に入ってくれた『思い出の記』をそのまま眠らせておくのは惜しい。誰かにカバーさせようとなった時に、古賀先生、

「せーぼうならうたえるだろ」

僕に声をかけてくれたのです。

すでに絵川流は動き出していて、僕も忙しい身ではありました。しかし、これだけの「チャンス」をみすみす見逃すわけにはいきません。

コロムビアも「江河さんなら」と乗ってくれて、会社も後押ししてくれる。ちゃんと踊りの振りもつけて、もちろん振付けは美登里にやってもらいました。

やはり、本音をいえば、絵川流を成功させるとともに、僕としては「歌手・江河愛司」

を当てたかった。スターにしたかった。後輩たちがスターになっていくのが、僕にはたまらなかったのもあります。北島サブちゃんなんか、船村先生のところでは、僕の3年後輩にあたる。ところが、向こうはもう押しも押されもしない大スターで、ぼくは新舞踊の世界でこそ知られていても、世の中では無名。

名を出したい。そうなれば絵川流も不動の地位を築ける。たぶん、この先、これ以上のチャンスは来ないのじゃないか、とも感じました。美登里も、

「精一杯やりましょう」

と後押ししてくれたのです。

うっかりハマった落とし穴

とはいえ、僕には所属事務所はありません。積極的に動いてくれるマネージャーもいない。みんな自分自身でやっていたのです。

となったら、先立つものはまず「おカネ」。出たレコードをある程度は買い取って、あちこちにまくのも必要でしょうし、お手伝いしてくれる皆さんにもそれなりの謝礼は

FK-15
45 rpm
¥600
企画・監修
古賀政男
花散る下田
せりふ・お吉 花園一声
古賀メロディ人生演歌の決定盤!!
思い出の記
江河愛司

『思い出の記』ジャケット

渡さなくてはいけない。キャンペーンにも回りたい。

生活費としては、月々入るアパートの家賃があるとしても、それだけじゃどうしようもない。しかし、すでにその時点で、家賃やイベントの出演料、それに絵川流の教授料などでたまったおカネが数千万円はありました。これを『思い出の記』の宣伝のためにつかえばいいじゃないか、と思ったのです。

ちょうどそのころでした。

「ごめんください」と、30代くらいのサラリーマン風の人物が、飛び込みで阿佐ヶ谷の我が家にやってきたのです。

本当に見た目はごく平凡で、うさん臭さはまったくない。まるでちょっと道を尋ねにきたような雰囲気でした。後から考えると、こういう人こそ、気を付けなくてはいけないんですね。

まるで、僕がもっとおカネが欲しいのを見透かすように、

「今の財産が倍になります」

こともなげに言うのです。商品取品の会社の社員でした。

普段なら、そうやすやすとは乗らないはずなのに、僕はついつい乗ってしまいました。

絵川流がうまく行き出して金回りがよかったのと、『想い出の記』をなんとかヒットさせたいのとの両方でしょうか。

商品は大豆。商品相場はプロでも危険で、生半可な気持ちで入ったらエライことになる、なんてろくに知りもしません。ただただ、持ち金を増やして、宣伝に当てたかった。レコードが出た時は、キャンペーンも実際に回りました。生まれ故郷の愛媛も今治、松山、新居浜、伊予三島と行ったし、大阪にも「ホテル紅葉」にももちろん回りました。絵川流のお弟子さん10人くらいとバンド10人くらいは、交通費などの必要経費は僕の自腹です。

レコードも自分で1万枚は購入しました。６００円の七掛けで４００万円以上かかりました。

いくらでもおカネがほしいところに、商品取引の会社からは、とんでもない話が飛び込んできたのです。

「今、３千万円くらいのマイナスになっている。両建法といって、損した側ではない、反対側に同額のカネを入れれば、マイナスがチャラになって、儲かる可能性もある」

詳しいことはわかりません。仮に「売り」に1千万円かけたなら、「買い」にも

1千万かけておく。そうすれば損しても最小限でおさめられるし、値動きによっては利益まで見込めたりもするとか。

その気になってしまったんですね。すでに3千万円のマイナスが出たのを取り返すために、また、もう3千万円つぎ込んでしまったのです。美登里の持っていた貯金も、全部つぎ込んじゃった。

案の定、そちらもパー。幸い、絵川流とアパート経営はうまくいっていたので路頭に迷うなんてなかったですが、貯金はゼロのスッテンテン。

「チクショー、なんであんなやつの口車に乗ったんだ！」

と僕は痛恨の日々で、グチばっかりいってました。こちらの思惑で美登里まで巻き込んでしまったのも申し訳なかった。彼女は、「そんなうまい話に安易に乗っちゃっていいの？」

と最初から懐疑的でしたから。僕が勝手にどんどん突っ走っちゃった。

美登里はエラいですよ。その時も、それからも死ぬまでずっと、

「お兄ちゃんのせいで大損かぶった」

と一言も文句を言わなかった。こっちが悔やんでても、

「こういうこともある。しょうがないじゃないの」

と堂々としたものでした。ハラが座ってた。もし美登里が僕の失敗を責めるような女だったら、ここで傷つけあって、別れていたかもしれません。

しかし、悔しさは残ります。

昭和53年、古賀先生がお亡くなりになった時も、結局、先生のもとに『思い出の記』のヒットを伝えられなかった。当てることが出来なかったのです。これが一つの痛恨。

とともに、情けない金銭トラブルです。

結局、どうも『思い出の記』をうたうと、いろいろな気持ちがこみあげてきて、この曲をうたえなくなってしまいました。

1万枚買ったレコードも、半分くらいは売ったり贈ったりでなくなりましたが、もう半分は今でも家に残っています。

それにしても、僕たちにとっては詐欺に騙されたような気持ちですが、向こうの会社にとっては正当な取引だったんでしょうね。直接、僕らをスッテンテンにした担当者は退職もせず、他の支社に異動しただけだったし、会社自体は今も堂々と東証の二部に上

場しています。

口車に乗ってしまった僕が悪かったのは認めます。けど、ああいう一般人を食い物にするような会社の人間が大手を振って歩いているようなのは、認めていいものなんでしょうか。

プロデューサーが欲しい！

おカネの話が絡んでくると、どの世界も難しくなります。

最近では、政治の世界でも、夫婦が揃ってあちこちにワイロをばらまいてバレた、なんて事件もありましたね。

もちろん舞踊の世界でも、おカネと切り離しては語れません。世の中にも「日舞を習うとおカネがかかる」というイメージがあります。お稽古代だけではなく、発表会があれば参加者が料金を払わなければならないし、名取になったらなったで、家元や直接の師匠などへの謝礼も欠かせませんし。

やむを得ないところなのです。おカネが回らなくては組織は生き残れません。

ある程度、組織としての伝統を持つ古典派以上に、新舞踊の組織が生き残るためには、このおカネの問題は避けて通れません。

とはいえ、あくまでも優先順位は、まずは「踊り」であり、「おカネ」はそのあとに来なくてはいけない。

新舞踊のほとんどの人たちは、これはわかっているでしょう。踊りが好きだから続けている。当然です。

しかし、あくまでごく一部ですが、

「この人たちは、いい踊りを作るとか、新舞踊を発展させるとかでなく、とにかくカネ儲け第一なんじゃないのかな」

という方々を見かけます。

ビジネスをしようとすれば、やり得る世界でもあるのです。たとえば、ある家元が自分のお弟子さんやファンを集めて、「じゃあ、皆さん、この羽毛布団を売って回って下さい」と頼み、お弟子さんたちも、「家元がいうなら」と従ってしまう。これで簡単にパーティー商法やネットワーク商法ができてしまうわけですね。

発表会の会場ロビーでも、着物や帯、扇子あたりが売られているのは、よくわかります。

日舞の、いわば必需品なのですから。ただ、鍋や釜の類まで並んでいたりすると、ちょっと首をかしげる。

要は、「踊り」と「おカネ」をうまく分離すればいいのです。

「踊り」を突き詰める人は、わき目もふらずにそちらに集中する。家元がろくに踊りの稽古もせずにカネ勘定ばかりしていたら、それはおかしくなる。一方で、「おカネ」を担当する人は、単に目先の収入支出だけでなく、どういうおカネの集め方をし、使い方をすれば自分の流派だけでなく、新舞踊全体の盛り上がりに寄与できるか、といった広い視野も持つ。

いわばプロデューサーですね。ＡＫＢだの乃木坂だのを作った秋元康さんのような人が、新舞踊に出ればよかった。

私は、平成以降、こうしたプロデューサーが生まれなかったのが新舞踊が下降線をたどった要因だと思っています。

絵川流では、私がこのプロデューサー的な立場に立ってきました。ですが、どうしても本業は歌手。しかも高齢。若くて才能のあるプロデューサーが出てくれないかな、と今でも思っています。

絵川流家元は「踊り一筋」

ウチの美登里は、その点、はっきりしていました。踊りがすべてなのです。僕が商品取引で大失敗した時も「しょうがないよ」で済ませるくらい、おカネには執着がない。踊ってさえいられれば幸せなのです。

それは日舞には限りませんでした。美登里には、小さいころから彼女を可愛がってくれた小菅二三子さんという叔母さんがおりまして、今でもご存命なのですが、その方が大の宝塚ファン。気が向くと小さい彼女を連れて、本場・宝塚の劇場まで見に行ってしまうくらい人なのです。きっと叔母さんも、いずれは美登里をそこに入れたい、と思ってたんでしょうね。

それもあって、美登里は日舞だけじゃなしに、クラシックバレーも当然、習っていました。宝塚に入るためには、バレーは必須だったからです。でも、遠いところはダメ、の親の判断で受験は断念して、そのかわりに入ったのが東宝芸能学校。そこも、日舞もバレーもひととおりやるし、タップダンスまで習います。

だから、いろいろな種類の踊りの基礎はわかっているし、あとで振付けをするようになっても、動きの引き出しは多いのです。

僕も新舞踊の家元たちを見てきましたが、そうした多様な踊りの基礎を持っている人はそう多くはなかった。

美登里には、理想とする舞踊家もいました。地唄舞の武原はんさんです。崇拝していました。はんさんの舞は、動きが少ないですね。決して派手に動いて、「どうだ、いいだろう」と観ている人に押し付けるようなことはしない。そして、まったくスキがない。どの一瞬一瞬をとらえても美しい。これが美登里にとっては眩しかったのでしょう。

そこも、新舞踊の家元としては珍しかった。新舞踊で、そうした理想を持っている人は、そんなに多くはないですよ。「独立独歩」っていうかな、自分の踊りを突き詰める、みたいな方が多かった。

日舞の先生としても、美登里は優れていたと思っています。

彼女は、お稽古では徹底的に叱るんです。お弟子さんの年齢は関係ない。相手が年上でも、子供でも態度を変えません。お弟子さんが少しでもやる気がない態度を示したりすると、ピシッと「もう来なくてもいい！」とか言い切る。

でも、感情的になって「怒る」ことはありません。あくまで、「あなたのここがオカシイから、直しなさい」という意味で「叱る」。

お稽古が終われば、ガラッと変わって、「気のいいおねえさん」になります。

「ちょっと、おいしいもの作るから、食べてってよ」

とお弟子さんにも気さくに声をかける。たぶんこの落差がいいんでしょうね。

これもまた手前味噌かもしれませんが、絵川流のお弟子さんは、他の流派と比べても上達が早かった気がします。

ですから、踊りの方の一切は美登里に任せて安心でした。

美登里はお酒が好きでね、60を過ぎてからでも、晩酌で日本酒2〜3合くらいは毎日飲んでました。僕の方は一滴も飲めないから、どこがおいしいのか、さっぱりわからなかったです。

若いころなんて、お弟子さん集めて宴会はしょっちゅうで、一升くらいは普通に飲んでた。

人を集めて賑やかに宴会するのは、とにかく大好きでした。

正月なんか、全部合わせると20～30人くらいはお弟子さんが年始に来るわけです。おせち料理にしてもお雑煮なんかにしても、自分一人で作って待ってる。何でも自分でちゃっちゃとやれちゃうんです。たくさんあって、しかもおいしい。僕もよく、「これじゃ、踊りの家元やってるより、料理の先生になったほうがよほどおカネになる」と言った覚えがあります。

お弟子さんの中には、残りはタッパーに入れて、ウチに持って帰る人もいたくらいで、料理も人気ありましたよ。

＊＊＊＊＊＊＊＊＊＊＊＊＊＊＊＊＊＊＊＊＊＊＊＊＊＊＊＊＊＊

（弟子たちは語る「絵川流」と「江河夫妻」）

絵川美季（斉藤季子）

・・・八王子

「絵川流は、動きのバリエーションが豊富なんです」

18歳で他の新舞踊の流派に入って、一度は結婚、子育てもあって、やめているんです。それで子育てが一段落したところで、「舞台に出るだけでいいから」と誘われて、絵川流に入ったのが昭和60年くらいでしょうか。昭和27年生まれなので、30代半ば近くになっていました。

誘ってくれたのが私の姉。絵川千の斎藤弓子です。

以前、別流派をやっていただけあって、始めてみて、絵川流と他の新舞踊の流派の違いがすぐにわかりました。振りの「手がこんでる」んですね。一つの動きだけでも、何通りも引き出しがあるんです。曲に合わせて大回りするのでも、ちょっとテンポを変えてみたり、手の動きを変えてみたり、より歌の歌詞の意味が伝わるような動きのバリエーションが豊富なんです。古典の要素も、ダンスの要素もちゃんと取り入れているんですね。

八王子って新舞踊が盛んな場所で、皆さんも目が肥えているんですが、やはり絵川流は評判がいいです。

家元は、私が入門したころは、姉にいわせると、「前に比べてだいぶ柔和になった」そうです。でも、振りをしっかり覚えないと、「ちゃんとやって!」と厳しい声が飛びました。足の開き方、女踊りの時の足の使い方、とか、細かいところまで丁寧に教えていただいたのもありがたかったですね。

阿佐ヶ谷で稽古がすんで遅くなったりすると、「ご飯食べてけば」と気さくに誘って

くれたりもしました。創主がおカネのトラブルに巻き込まれた話なんかでも、

「ウチのお兄ちゃんは、困ったものよ」

なんてカラッと話していて、あまり気にする様子でもなかったですね。

子供さんの話も出たことはあります。欲しいのは欲しかったけど、最初は家元が若すぎて子育ては負担になるからって創主が遠慮しているうちに、だんだん機会を逸して出来ないまま時が過ぎちゃったって。

お互い、ずっと愛し合ってる感じでしたし、ちょっとのことでは動揺したりしなかったんでしょう。ケンカしたのも見たことなかったです。10年以上前でしょうか、私がはじめて仙台の発表会にお手伝いに行ったとき、帰りに、創主、家元のご夫婦と私ともう一人で、山形に寄って「さくらんぼ狩り」もしたんですが、その時の、新婚夫婦みたいに仲良かったのも忘れられません。

＊＊＊＊＊＊＊＊＊＊＊＊＊＊＊＊＊＊＊＊＊

****

（弟子たちは語る「絵川流」と「江河夫妻」）

絵川京之介（小野正年）

・・・仙台

「夫婦で唄って踊る。それが絵川流の誇り」

まだ私が23歳くらいだったでしょうか。行きつけのスナックのママから、「今時、男でもかくし芸の一つはもってないと」と勧められたのが絵川流の踊りだったんです。まず直接は地元の先生のところに通っていて、そのうち、家元が月1回、仙台にもいらっしゃるんで、直接、教えていただくようにもなりました。

昭和60年くらいは、今よりずっと新舞踊も盛んで、絵川流だけでも仙台に師範、名取で40～50人はいたと思います。

何といっても絵川流が他流派より優れているのは、創主が唄い、家元が踊る、この二人三脚のステージが見られたことでしょうね。どちらもプロ中のプロ、しかもナマ歌で踊るのは迫力が違います。他だと、所詮はレコードやCDか、せいぜいシロートのカラオケ歌唱になるわけですから。

ですから絵川流のステージには必ず「江河愛司の唄と共に」といった創主の歌のコーナーがあって、そこに家元の踊りも入っていたのです。

あれは弟子の私達にも誇りでしたね。

家元の稽古は挨拶の仕方から、舞踊の基本まで厳しく、みっちりと教えていただきました。そんな稽古のあとは皆で家元を囲んでの食事会です。家元は日本酒が大好きで、酒席では普段聞けない舞踊についての知識や常識について、一般人にはわからない話をしてくれ、とても勉強になり、食事会がいつも楽しみでした。

怒りっぽい創主の横で、それをなだめる家元の姿は何度か見ています。仙台のある師範が絵川流から独立する、となった時などは、プリプリお怒りだった創主に対して、「怒ったって、仕方ないでしょ」と家元はあっけらかんとしてました。

ただ、そんな家元も、そのあともずっとついてきた僕らに対しては、「ありがとうね。ホント、ありがとう」って何度も感謝してくれました。

＊＊＊＊＊＊＊＊＊＊＊＊＊＊＊＊＊＊＊＊＊＊＊＊

だまされ人生

絵川流がスタートして40年以上も経っているのですから、もちろん色々なトラブルも生まれます。

自慢じゃないが、絵川流は、古賀先生の肝入りで始まったものなので、誰かを裏切って流派を作ったとか、そういった経緯は一切ありません。ですが、裏切られた方は何度となくあります。「僕の人生、だまされっぱなし」かもしれない。

よくあるのが、絵川流でほんの1、2年だけお稽古して、そこで知り合ったお弟子さんを連れて、さっさと家元になって独立してしまうことですね。

もう何度となく経験しました。

忘れられないのが、ある人気女優の母親のケースです。最初は、とても低姿勢で、「ぜひ絵川流の家元に教えを請いたい」とやってきたんです。

ところが1年くらいして、娘さんが一気に有名になった途端に、態度が豹変したんですね。

地元の議員やら有力者を娘さんの名前を利用して引き入れて、あっという間に「家元」を名乗り出しちゃった。もちろんこちらには挨拶は一切なし。

自由と言えば自由なのかもしれないけれど、ウチにいたお弟子さんも引き連れていくのだったら、本来、挨拶は必要でしょう。

「勝手に家元」が通用しちゃうのが新舞踊の弱点で、そこは、簡単には「家元」を名乗れない古典の方が制度としては整っている気がします。だいたい、古典の方は、何も新しい流派を作るより、「花柳」なり「藤間」なりの看板をもったまま教室を作ったほうが生徒が集まるメリットもありますし。

引き抜かれて独立された時は、僕も腹が立って、つい相手方に電話で抗議しました。向こうは謝って来たけど、こっちの腹の虫はおさまらない。美登里を前にして、「あいつらは許せない」みたいな悪態をさんざついていたら、たしなめられましてね。

「いいじゃないの、やりたきゃやらせれば」

大らかっていうか、ちょっと浮世離れしてるっていうか。そういったもめ事はほとんど気にもしない。彼女のおかげで、カッカしてた僕も平静さを取り戻せる。これが二人のいつものパターンなんです。

僕からしたら、「タコ踊り」しかできないような人間が、絵川流からお弟子をごっそり引き連れて「家元」になった時には、もっと腹が立ちましたね。こっちとしたって、家元を名乗るだけの踊りの力があって、しかも一言挨拶さえしてくれれば、潔く送り出すくらいの度量はありますよ。

ないんだもの、踊りの力が。ただ、営業力は抜群だったんです。いきなり街頭で若い女のコつかまえて、「あなた、踊りに向いてるからやりましょうよ」ってスカウトしちゃったりする。その人のおかげで、その地区のお弟子さんが急増したのも確かなんです。

でも、だったら家元なんかにならずに、営業の方の道でやっていけばいい。選んだ道、間違ってます。

この人の流派は、今でも続いています。その経営能力が優れていたのは認める。ただ、ネット動画とかでも見たけど、踊りは相変わらずショボイですね。

これでも美登里は、「好きにやれば」です。

大らかっていえば、美登里のショッピング感覚も、大らかそのものでした。高級レストランで食事とかには興味がなかった一方、着物なんかは高額でも気に入ったらパッと買っちゃう。だから衣装は全部で何百枚もあります。歌舞伎役者の衣装まである。典型的な「着道楽」ですかね。他は堅実なのに、そこだけは例外なんです。

僕はといえば、知り合いの有名歌手にカネを貸しては踏み倒され、付き合いのあったお笑い芸人にカネを貸しちゃ、不渡り小切手つかまされ、よくやられました。何でみんな、こっちにおカネ借りに来るのか、不思議なくらい。よっぽど僕が金持ちだと勘違いされてたんでしょうね。

美登里は、そのたびに「またなの？」って笑ってました。

私の金銭のしくじりや、お弟子たちの離反や独立を、本音では美登里はどう思ってみてたんだろうなぁ？

しょうもない男と一緒になった、ってガッカリしてたのかな？

（天国からの絵川美登里の声　⑤）

ガッカリはしませんよ。でもぜんぜん動揺してなかったわけじゃないですよ。

まあ、お兄ちゃんのおカネの失敗は、数えきれないくらいあったかな。

お兄ちゃんからしたら、「オレがどんなにシクジッても、あいつは平気な顔してる」みたいなことを言うかもしれないけど、何百万、何千万も損して、私だって平気なわけないじゃないですか。

少しは皮肉の一つも言いたくなりますよ。前にも、お兄ちゃんに何百万か借りて踏み倒した人がショートケーキ持って挨拶にきたことがあったんです。それで私、つい、「あ、このケーキは一個20万円はするのね」

て言っちゃったこともある。

無邪気っていえば無邪気な人なんですよ。カッコつけて、「いいよ」っておカネ貸して、それで返ってこなかったら、「あいつは許せない」って一人でプリプリ怒ってる。それくらいなら、最初から貸さなきゃいいのにね。おカネを貸すっていうのは、あげるのと一緒、とよくいうじゃないですか。

でも、貸しはしても、おカネを借りて踏み倒して、人に迷惑をかけたりはしてません。それに連帯保証人になってアパートや不動産まで取られるようなこともなかった。

そのあたりは、案外しっかりしてるんでしょう。

ありがたかったですよ。私は踊りがやりたくて、それ以外のことは本当に任せっきりでしたから。

だから、お兄ちゃんがおカネのことでしくじっても、文句はいえません。それに、着物の衝動買いをしちゃったりで、私の方が迷惑をかけていたこともありましたからね。

お弟子さんが勝手に独立して腹が立たなかったかって？　そんなに気にはならなかったかな。だって、どの世界もたぶん、残るものは残るし、消えるものは消えるわけでしょ。踊りの世界も同じで、時代を経て、今残っているものこそ、残る価値があったということだと思うんです。

別に先輩だからエラくて、後輩だから先輩の教えた通りにやらなきゃいけないわけでもない。実力さえあれば、いくらでも先輩たちを追い越してやっていけばいいんですよね。

踊りは、経験年数じゃない。「感性」なんです。10年コツコツやってる人より、何日か前に始めたばっかかりの人の方が優れてるってことも十分にあり得ます。だから私も、絵川流から出て行った人たちに負けないようにやっていくしかない、と逆にファイト燃やしました。

第六章　そして彼女は逝ってしまった

後継者

子供は、出来なかったというより、作らなかったというのが現実です。

僕も健康な男性だったわけですし、美登里も結婚したのが20歳をちょっと過ぎたくらいだったので、自然に任せれば、出来て当たり前なのですが。まだ結婚したてのころは、美登里も若いしまだ早い、と考えていました。

やがて絵川流がスタートした後は、もうそっちに夢中で子作りどころではなくなってしまったのです。

美登里の本心はどうだったんでしょうか?

踊りを続けていくために、かえって子供がいない方がいい、と割り切っていたのか、実は欲しかったのか? 少なくとも僕の前では、一切、「子供が欲しい」とは言いませんでした。

美登里にはたくさんのお弟子さんがいる。だから彼女は、「この人たちが私の子供のようなものよ」と言ってくれるかも。

子供を作らなかったので、絵川流を子供に継がせる、という考えは最初からありませんでした。

そもそもが、後継者が果たして必要なのかどうもわからない。「絵川美登里一代」で終わっても別にいいじゃないかとずっと思ってきました。ただし、美登里を超えて、僕らがはじめた「歌謡舞踊」を担う能力がある人物が出てきたら、その人間にすべてを賭けてもいい気持ちもありました。

ハードルは高いですよ。僕の三味線の先生はかの有名な杵屋正邦先生や杵屋勝東治先生、踊りは花柳芳次郎先生と、人間国宝級の方々ばっかり。そうそう安易に「合格」は出しません。

実際、それなりに捜しもしました。あちこちの発表会には行きましたし、ウチのお弟子さんの稽古ぶりも細かく見て来ました。

まず壁になったのは、舞踊人口の高齢化です。いくら能力があっても、美登里よりも年上では跡を継いでもらうわけにはいきません。出来れば若い方、美登里よりも20歳とか30歳とか下が理想的です。

だが、年を経るにしたがって、若い人たちが日舞の世界に入ってこなくなって来た。

理由は明らかです。踊りでは生活できるほどの収入を得られなくなっていったから。

本来、華やかな着物を着て踊って、それで「食べて」いけるのなら、こんなにいい商売はない。でも昭和50年代あたりを境目に、活動の場もどんどん狭まっていったのです。美登里がかつて踊っていたステージやキャバレーのショーなどもなくなっていったし、教室を開いてお弟子さんを集めるのも難しい。

本来、こちらに来てほしい人たちが、より「食べて」いけるダンスやエアロビなどに行ってしまった。

それでもまだ、古典派にはいい素材がそれなりにいた。基礎を習得した上で、自分なりの踊りが出来る人をときたま見かけました。伝統の力でしょうか、若くて、ぜひ日舞を習いたい人も少なくはなかった。

新舞踊の世界は、伝統の厚みがない分、経験値が高くならない。どうしても我流になってしまうのですね。美登里のように、三浦布美ちゃんに鍛えられたり、長谷川一夫先生の舞台に出たり、といった何ごとにもかえられない「一流と接する経験」もなかなか持てません。

ここは決定的な違いです。

いっそ古典派の誰かを後継者に据えて、とも考えました。でも、絵川流にせっかくお弟子さんがいるのに、花柳流や坂東流の人間をただ連れてきて、「この人が後継者」と指名するのも、どうも抵抗がありました。

もとの「美登里一代でいいか」に戻っていったのです。美登里本人も、「無理することないよ」と言っていました。

ですが、美登里がいなくなってしまった今、僕はもう一度「二代目」を立てる気持ちが出てきました。

＊＊＊＊＊＊＊＊＊＊＊＊＊＊＊＊＊＊＊＊＊＊＊＊＊＊＊

（弟子たちは語る「絵川流」と「江河夫妻」）

絵川章政（川田章夫）・・・我孫子

「親戚と言うより、家族みたいな仲です」

ウチは四代続けて絵川流なんです。ウチの母の汀（みぎわ）は助産婦をしていたかたわら、もともと藤間流をやっていて、絵川流が創設された最初から参加してます。たぶん美登里先生の踊りに魅了されたんでしょう。

それで私が、我孫子の発表会のお手伝いをしているうちに稽古場にも出入りするようになりました。男の弟子では最古参です。次に私の次男と三男も入門しました。今は小学校六年になる三男の息子の羚斗（れいと）と、小学校一年の長男の娘の七海も絵川流の一員です。

それで私は指圧・マッサージをやっておりまして、稽古が終われば、江河先生や美登里先生の施術をしたりもするわけです。おかげで、ウチと先生ご夫妻は、まるで親戚みたいな付き合いになってしまいました。ウマが合うんですよ。

で、家元の稽古場は阿佐ヶ谷と、千葉・我孫子の布佐とにあったんですが、「どうせならウチのそばに越して来たら」と私たちがお誘いして、ご夫妻も今の東我孫子に移られてきたんです。

そうなるとますます縁が深まって、ほとんど家族になりましたね。ウチの孫も「パパ先生」「ママ先生」ってなついて、ここ6～7年は特に親密になりました。美登里先生が入院した時もウチが身元引受人になったり。

ウチは多い時には10人近くで食卓を囲むような「大家族」なんです。それでご夫妻お二人より、賑やかで楽しいんでしょう。よく夕食を一緒に食べました。月一、二回は那珂湊にご夫婦二人で魚を買いに行って、それを我が家でみんなで食べました。

美登里先生はとにかくお酒が大好き。食事の時もお一人で飲んでました。さすがに手術のあとなので、酒量は減ったそうですが、それでも一日日本酒3～4合くらい飲んでたんじゃないかな。江河先生の方は、お酒はぜんぜんだめ。だいたい絵川流は、女性のほうがよく飲むんです。

料理上手の美登里先生もさすがにウチでは台所には入りませんでした。

それで食事中はテレビ見ながら、ご夫妻でいろいろお話されてるのが、とても楽しかった。

NHKの大河ドラマ見ながら、

「今の若い役者は刀の差し方もしらねぇ」

「あの女優の着付の仕方はおかしいわよ」

なんて言い合ってる。仲のよさが伝わってくるんですよ。

今は江河先生お一人になってしまいましたが、毎晩、ウチで食事されてます。

＊＊＊＊＊＊＊＊＊＊＊＊＊＊＊＊＊＊＊＊＊＊＊＊

縮小していく新舞踊の世界

浅草公会堂での絵川流発表会は昭和の間はずっと続きました。

なんと、「小唄界の女王」といってもいい市丸姐さんも、ゲストで来ていただいたことがあるんですよ。

もともと古賀先生を通して、僕は市丸さんとは面識があったんです。なにしろ小唄の最高峰なので、ぜひ弟子入りもさせていただきたかった。でも、申し出ると、あっさり断られました。

「私は人に教えると声が変わっちゃう。だから弟子取ってないの。ごめんね」

と。事情はだいたいわかります。一人の人にＯＫを出すと「僕も」「私も」と弟子になりたい人が殺到する。そのあたりを心配されたんでしょうね。

お願いした時は来ていただけないんではないか、と不安でしたが「いいわよ」と快く受けてくださいました。改めて聞き惚れましたね。いい声なんですよ。もう、相当なお年だったでしょうに。本物に年は関係ないんですね。

五月みどりさんに来ていただいた年もありました。

一番盛り上がったころは、もう一階席も二階席もいっぱいで、千人を超えるお客さんを集めていました。

浅草公会堂での発表会に終止符を打ったのは、平成に入ってからです。

前にも言った通り、ひばりちゃんも亡くなって、もう演歌というジャンルは音楽の中でどんどん小さくなってしまったんですね。だからその演歌と結びついていた新舞踊も同じ道を歩んでしまう。自然に、絵川流の発表会も集客が落ちてきてしまったんですね。客席全体を見渡しても、六分の入りくらいでしょうか。

それでも他の流派に比べればまだまだ多い方だったんですが、あえて続けるのはやめました。踊りの世界では、出演者が一人何十万ものおカネを払って、会場を押え、衣装や道具なども揃えるんです。お客さんが少なくなったのに、同じ負担をお願いするのは申し訳ない。

減るのも仕方ありません。踊りと音楽は密接に結びついているのは常に変わりませんから。今ならＡＫＢでもＥＸＩＬＥでも、唄いながら踊るでしょ。世の中の嗜好はどんどん変わっていく。

僕らの子供時代は浪曲だったものが、演歌・流行歌になって、フォークだ、ロックだになっていく。

人々が和服を着なくなったように、日本調の歌も聴かれなくなりました。

古民家がカフェに変身するように、可能性は、まだある！

でも、ちょっと発想かえてみたらどうか？

ＡＫＢの女のコが日舞を踊るだけで、あるいは新舞踊をやるだけで、新しい一面をアピールできるかもしれない。ロックを使った日舞や新舞踊だって、実際に出てきているわけですし。

現に、古いものの代表みたいに言われてきた歌舞伎なんかは、漫画を原作にした舞台もやっているし、相撲の世界も、どこよりも早くたくさんの外国人力士を連れてきて活性化させ、人気を維持している。

やり方次第なんじゃないのかな。もう平均年齢70歳くらいになってしまったけど、まだピークだった昭和50年ころに新舞踊を始めた人たちは残っています。

この皆さんがいらっしゃるうちに、もう一度、何か下の年齢の人たちを呼び込めるキッカケがあれば、また復活できるはずなんですね。和服で踊る日舞や新舞踊の艶やかさ、華やかさは日本人だからこそで、これはバレーやジャズダンスでは出せないものなんですね。

たとえば社交ダンスは『Shall we ダンス?』という映画をキッカケにして、人気が復活したではないですか。

ああいうことが、新舞踊の世界でもあってもいいんじゃないか、と僕は思っているんです。

おかげで僕は、平成17年、芸能生活50周年を迎えた際に、市川昭介先生に曲をいただき『湯島花がたみ』を出し、あわせて僕の代表曲ともいえる『恋のからかさ』も再レコーディングいたしました。

すべては、古くからの馴染みの、糟谷宜之さんや好田輝之さんを始めとしたコロムビアの皆さんの肝入りで、感謝感激でありました。お二人は、コロムビアの伝統邦楽部門を支えている方々で、好田さんは、ずっと新舞踊の発展に尽くされています。

とにかくまだまだ『恋のからかさ』や歌謡舞踊を愛してくださる方々は、全国各地に

いらっしゃったのです。だからこそ、まだその皆さんも残っている間に、新舞踊再興のためになにかやれないか？　と

コロムビアにも、古賀先生を中心に立ち上げた「舞踊研究所」はまだ残っているんです。古民家じゃないですが、建物の外観はだいぶくたびれて壊れそうなくらいですが、内装と土台はまだしっかりと残っている。それをうまく利用しながら、時代に合った新しい建物にしていくのって、きっとできるはず。

古民家を改装してカフェにしてもいいし、劇場を作ったっていい。やり方はいろいろあるはずです。

「あと数週間・・・」

さて、ここからは、本音を言えばあまり思い出したくない話をします。

思い出すたびに、どうも涙が出てしまって止められない。

50年近く連れ添って、しかも一回りも年が下の女房に先に逝かれたショックというのは、こんなに大きなものなのか、とは想像もしていなかった。

美登里は、ずっと僕の横にいるものだ、と勝手に思い込んでいましたから。

乳がんそのものが見つかったのは2010年です。仙台の支部から戻ってきてすぐのこと。

向こうで、まだ30代だったお弟子さんの一人が乳がんになったのを知って、自分も一応健診を受けてみよう、と病院へ行ったのです。ぜんぜん自覚症状はありませんでした。ところが結果はステージ3。すぐに有明のがんセンターに移されて手術です。それでがん細胞は切除して、10日間の入院で退院しました。

しばらくはずっと元気でした。5年過ぎて再発も転移もしていなければ大丈夫だろう、といわれたその5年も過ぎて。定期健診には通っていたものの、飲み続けていたホルモン薬は服用をやめてしまったくらい。

2018年11月でしょうか。がんセンターの医師にも「おめでとうございます」と太鼓判押されました。見事に再発も転移もないって。でも、あとから考えると、すでにこのころ、肺への転移はしていたんじゃないかな。見落としとは断定できないけど。

はっきりと体調が悪くなったのは2019年に入ってからです。

まず腰が痛い、と言い出したんですね。そのうち、妙に息苦しい、と。もともと美登里は喘息持ちだったので、僕はたぶんそれが原因なんだろう、とさほど重大には受け取っていなかったのです。

しかし、その年の3月、大阪から帰って来た時は、もう倒れんばかりで限界ギリギリの状態でした。確かに、何百人の人が集まる前での講習会をこなしてきたので、疲れるのはわかる。ですが、そんな生易しい状態ではありません。付いていたお弟子さんの一人も、

「肺に来ているみたいなので入院したほうがいい」

って心配されてたくらい。

最初は近所の病院です。何が原因だか、よくわからない。でも、みるみる症状は悪くなっていく。ようやく何日かして肺がんが見つかりました。

「有明に行ってください」

やっぱりがんセンターです。酸素をつけたまま有明に連れて行きました。4月にはいってすぐです。それで、すぐに診察があって、僕はお弟子の人たちと待合室で待っていたら、なぜか僕だけが呼ばれる。いやーな予感がしました。ああいう時って、これから何が起こるか、勘で分かるものなんですね。

医者の話は、こちらが予想していた以上の一言でした。

「末期です。あと数週間くらい・・・」

アタマ真っ白。よく映画で、パーッと画面全体が真っ白になったりするシーン、ありますよね。あんな感じ。その後も医師の先生は病状をいろいろ説明してくれたのですが、アタマに入らない。茫然自失。

束の間の平穏

我に返ったあと、すぐに頭に浮かんだのは、かつての「おめでとうございます」でした。このがんセンターで、あんなに自信満々に言っていたじゃないか。なぜあの時、気がついてくれなかったのか?

僕は医師不信に陥ったとともに、そんな病院で「あと数週間」といわれても、信じてたまるか、の気持ちになりました。

もちろん「数週間・・・」の話は美登里にはしてません。でも、たぶん彼女も同じ気持ちだったのでしょう。

「こんなところに長くいても治らない」

普段なら、何事にも文句をいわない美登里が、ダダッ子みたいになって、転院を希望してきました。

幸いなことに美登里のいとこ・佐藤康弘さんが医者で、神奈川・平塚の病院で院長をやっているんですね。それで、もう「転院拒否」を主張したセンター側に、「この先生の病院に移りたい」と平塚のいとこの名刺を出したんです。最初は渋っていたセンター側も、名刺見て、承諾してくれました。

平塚の病院に入院したのは3週間くらいになります。主に抗がん剤治療でしたが、毛は抜け落ちたものの、副作用は思ったほどひどくなかったです。何よりも精神的に落着いたのが大きいですよ。担当していただいた谷先生は、特に丁寧で、美登里の体の相談もしっかり乗っていただいて、安心して治療をお任せできるかたでした。

病院にも相性があるんですね。

「あと数週間・・・」のはずが、元気を取り戻して4月末には退院できただけじゃなくて、5月には、もう振付けの仕事ができるようになっていました。あのがんセンターの宣告はいったいなんだったんだ、と不思議なくらい。

お弟子さんの家族と一緒にドライブで水戸の大洗まで行って、とれたての魚を食べたり、コロムビア新人のデビュー曲の振り付けをやったりまでしてたから。

これはもう、治ったんじゃないかと錯覚しました。

料理も普通に作ってみんなにふるまってました。今まで通りの日常が帰って来て、ホッと一安心でしたね。

「立てないのよ」

2019年も10月くらいまでは平穏な日々が続きました。

それが壊れたのが11月に入ってからのことです。よほど腰の痛みがひどくなったのでしょう。我慢強い体質で、滅多に弱音を吐かない美登里が、

「お兄ちゃん。辛抱できない。平塚連れてって」

僕も、だいぶ感じてはいました。踊りもきつくなり、振付けもままならない状態になってきていたので、何度か「入院した方がいいんじゃないか?」とは勧めてたんです。

美登里は首を縦に振らなかった。

「大丈夫。病院には行きたくない」

とうとう、そんな彼女でも「大丈夫」と言っていられないところまで来てしまいました。

さっそく入院の手続きをしました。それまで住んでいた阿佐ヶ谷では平塚から遠すぎるので、前もって仕事用に買っていた熱海のリゾートマンションに引っ越しもしました。熱海なら、車で、海岸線を通って1時間くらいで通える。当然、僕は毎日、美登里のもとに通うつもりでした。

ある朝のことです。朝5時くらいでしょうか。美登里から、絞り出すような絶望的な声の電話がかかってきました。

「お兄ちゃん、立てないのよ」

もはや病状が進行して、立つことすらも出来なくなったのです。後で検査してみると、がん細胞は脊髄にまでいってしまって、やがては立つどころか、寝返りさえ打てなくなっていきました。

無念だったでしょうね。3つの年からずっと踊りをやってきて、僕のバックで踊り、三浦布美ちゃんに鍛えられ、絵川流家元としてたくさんの門下生を育て、人生をずっと踊り続けた人間が足を取られてしまったんですから。

この絶望感は、もう本人でなくてはわかりません。

それまでも、もう体が踊りに耐えられなくなっていたのは本人も感じてはいたでしょう。とはいえ、両足で立てる間は、まだどこかわずかばかりの希望の光はあったはずです。もうダメだ、とわかった時の美登里の落胆は、慰めの言葉もありません。

それから、本当の地獄が始まりました。

一か八か、手術をしてみようか、という話も出ました。ただし、手術したからって、もとの生活に戻れるわけではありません。成功したところで、残りの人生は寝たきりか車椅子生活。失敗はそのまま死につながります。踊れるようになるなんて、まったくあり得ない。

しかも、いざやるとなれば10時間以上は確実にかかる。

結局、手術はしませんでした。したところで、美登里を余計に苦しめるだけとわかったからです。

モルヒネは使用していたものの、痛みは完全になくなったわけではなく、寝返りもうてずにじっと寝たきりなので、夜中の2時3時と目が冴えて眠れないらしい。これが一番辛かったようです。

でも、気丈な女なんですねぇ。いちいち泣き言は言わない。

お守りを懐中電灯で照らして

気がめいる毎日でした。

日に日に美登里の状態は悪くなっていく。寝返りもうてなくなっていく。

熱海のマンションから平塚の病院まで車で行きますね。それで彼女が弱っていくのを見てから、また熱海に帰っていく。困ったことに、そのマンション、車庫が下にあって、そこから100段の階段を上がっていかないと入り口に行けないんです。車の運転に疲れ、美登里の様子に疲れ、上り坂に疲れ、部屋に戻っても一人でポツンとコンビニ弁当がなにかを食べて寝る生活。やがて孤独死でもしてしまいそう。

つらかったですよ。上り坂の階段が特にきつかった。しかし、美登里は僕なんかよりずっと辛い思いをしているのがわかっていたから、こんな程度できついなんていってられない、と自分を励ましました。

ホントに弱音を吐かない女なんです。脊髄にがんが行っているから、脳は問題ないんです。だから立ったり動いたりはできなくても、会話はずっと普通にできる。

つらいなら、泣いてたっていいのに、僕が看病している間で、泣き顔はほぼ見せなかったですね。

もともと泣かないんです。僕は感激屋で涙もろいところがあって、まだ小学校にも上がらないようなお弟子さんがけなげに踊っていたりすると、ついホロッとしてしまう。美登里は、まったくなかったです。そんな年のコに対しても、間違ったり、ちょっとでも怠けたりしたら、叱る。感激して泣くなんて、彼女に限ってあり得なかった。

嫌なんでしょう、自分の弱いところを見せるのが。

ただ、一人きりで、夜中に眠れもせずに過ごした時間はさすがに不安と怖れでいっぱいだったのでしょう。あとで、看護婦さんからこんな話も聞きました。

入院したばかりのころに、仙台のお弟子さんで絵川櫻香こと斎藤真弓さんが、わざわざ宮城・塩竈神社の「お守神殿」をもってきてくれたのですね。お札とかではなく、お社の模型。斎藤さんの、「家元快癒祈願」の気持ちが込められたお守りです。

どうやら美登里は、毎晩夜中になると、病室が暗い中、そのお守りを懐中電灯で照らして拝んでいたらしいのです。

僕には一切、そんな話はしませんでした。

お守神殿

＊＊＊＊＊＊＊＊＊＊＊＊＊＊＊＊＊＊＊＊＊＊＊＊＊＊＊

（弟子たちは語る「絵川流」と「江河夫妻」）

絵川櫻香（斎藤真弓）

・・・仙台

「お守神殿は、もっと早くもっていけばよかった」

入門は16歳の時。確か昭和59年です。母親（絵川櫻子）がやっていたので、そのまま絵川流に入りました。ただ、結婚して子育てもあって、踊りの方に復帰したのは平成10年以降になります。それ以降は、月一回、家元が仙台にいらっしゃったときは、必ずお稽古には顔を出しています。東京に出ると、千葉・我孫子のお宅にも行くようになりました。

厳しいですよ、家元。

20人くらいいる中でも、私が、不安で、ちょっと探り探り踊っていたりすると、「真弓ちゃん！　どこがわからないの！」とすぐに声が飛んで来るし、体やクビの動かし方とかで妙なクセがついていたら、「直しなさい！」と時間をかけてしっかり直してくれるし。とにかく人の表情や動きをよく見ているんです。

それで、その人のレベルにあった教え方をしてくれる。

お扇子の回し方で「要がえし」という技があるんですが、手が不器用な人だと、なかなかきれいに大きくできないんです。そういう人には、無理に「もっとちゃんとやりなさい」とは言わない。そのかわり、出来るくせに努力してない人には、「もっとしっかり！」とピシャッと怒る。

私は、踊りといえば絵川流一本だったので、あまり他流派を比較して見たことはなかったんですが、コロムビアが主催する新舞踊の大会などに行くと、ウチの家元の振付けの素晴らしさがわかるんです。他の流派は、一つの曲で一番をまず踊ると、二番三番の振りはだいたいその繰り返しになるのが多い。

でも、絵川流は繰り返さずに、フレーズごとに動きが違う。それだけ動きが豊富なんです。

それでいて、古典にもつながる基本はおろそかにはしていない。

両手にお扇子持ったり、新舞踊ではよくやるようなケレン味はなくて、気品があるんです。


2019年5月、家元が一度入院された時には、お見舞いに行ってます。仙台周辺で一番霊力が強いのが塩竈神社なんで、母と一緒に桜の木の下で撮った写真とお守りを持って、家元のもとに届けたんです。

「今年はお花見どころじゃなかったけど、この写真がお花見ね」

と喜んでくれました。

持っていったお守りは、お守り袋の、ごく普通のものです。

その次が今年1月です。また家元が入院されたので、今度は塩竈神社の「お守神殿」を買ってもっていくことにしたのです。

以前、アメリカに留学した娘にこれを持たせたら、事故もなくちゃんと帰って来ました。それ以来、「お守神殿」は私にとっては、「お守りの中のお守り」。ぜひ家元にはよくなってほしい、との願いを込めていました。

ご容態を見て、唖然としました。寝返りも出来ない状態で、つくづくもっと早く「お守神殿」を持ってくれればよかった、と後悔しました。知らなかったんです、そこまで悪化しているのを。

あとで、毎晩、家元が神殿に手を合わせていたという話は聞きました。

＊＊＊＊＊＊＊＊＊＊＊＊＊＊＊＊＊＊＊＊＊＊＊＊＊

自分で人生の幕を下ろした

僕としたら、ずっと美登里の病室に泊まり込んだ方が楽でした。毎日、熱海のマンションと平塚の病院を車で往復するのは体もきついし、とにかく一日一日、彼女の様子が変化していくのがわかるのが辛かった。そのままずっと一緒にいた方が、変化って気が付かないものじゃないですか。

一方で、僕にあまり負担をかけたくない彼女の気持ちも感じていたのです。ずっと付きっ切りで看病されたりするのは気が引ける、と。迷惑かけるのが大嫌いなんですね。それにもともと何でも自分でどんどんやってしまうのが好きな人間なのです。料理でも、なまじこちらが手伝おうとしても、「いいから、私が全部やっとくから」とすませてしまう。

症状がだいぶ悪くなってから、僕は八王子にいる、昔からのお弟子さんのひとり・絵川千ちゃんの家に泊まらせてもらうことにしました。八王子のほうが熱海より平塚に行くのは便利で、それに一人で熱海にいるのが耐えられなかったのもあるのです。

翌朝、美登里の病室で、千ちゃんの家は賑やかで楽しかった話をすると、彼女、「よかったわねぇ」と喜んでくれた後、こうもらしたのです。

「ね、今晩、泊まってってくれる?」

ビックリでした。もう2カ月も入院していて、ずっとそんなことはおくびにも出さなかったのに。僕はあっけにとられたというか、美登里の本音に気付かなかった自分を情けなく思ったというか・・・。本当は、ずっと自分のそばにいてほしかったのですね。こちら側が、勝手に、「あいつの負担になっちゃいけない」と気を回して、帰りたくもないのに、毎日帰っていたのです。

その晩、泊まったら、

「お兄ちゃんがそこにいる。うれしい」「うれしいよ」

何度も繰り返して、僕の手を握り続けてくれました。泣いていたような気もするけど、美登里のことですから、泣くのをこらえていたかもしれません。

これが亡くなる4日前でした。

そこから先は悪くなる一方でした。意識がまたしっかりしていた分、苦しかったかもしれない。モルヒネなどで痛みは収まったとしても、肺がんですから、呼吸は苦しくなる一方だし。

3日前からは八王子の千ちゃんたちも駆けつけてくれて、千葉・我孫子のお弟子さんたちも来てくれました。

治療を続けるか、安らかに送り出すか、決断を迫られました。

これ以上、いたずらに延命治療をしても美登里を苦しめるだけだ、と思い、僕は「もう、いい」と答えました。

臨終は2020年2月12日午前5時でした。


自分で人生の幕を下ろしたんじゃないか。

実は、もうすぐ八王子にあるホスピスに転院するのが決まっていたのです。八王子なら千ちゃんのところに近いし、私だって、病院に行った帰りに千ちゃんちに泊めてもらったりも出来る。

亡くなったその日に、役所のほうから担当の人が来て、彼女の状態を見て、入所の認定が下りる予定にもなっていました。

イヤだったんでしょうね。もうホスピスにまで行って、命を長らえるのが。これ以上生きてても僕や、まわりの人たちに迷惑をかけてしまう。だったら、今、死のう。

ね、そうじゃないかい？

（天国からの絵川美登里の声⑥）

正直、そうでしたね。早く死にたかった。

ただ気掛かりといえば、お兄ちゃんを残して先に逝ってしまうってことでしょうか。子供がいない夫婦なので、お兄ちゃんと私はただの夫婦だけでなく、兄弟であり同志であり、親友であり、ちょっと語り尽せない強い関係があったですから。

もし私が逝ってしまったら、あの人、立ち直れないんじゃないかって。

寂しがり屋なんですよ。ゲストでイベントに呼ばれたりしていても、私が付いていないと不安でしょうがない。「水持ってきて」「着物、どこ?」なんていちいち聞いてきて、「ほら、そこにあるじゃない」と私が答えると安心した顔になるんです。

お弟子さん達もみんなよくしてくれるんですが、お兄ちゃんもお弟子さんの前で、あんまり弱音を吐いたりはできないですからね。

「俺だけ残されたらどうしよう」

なんて、なんてなかなか言えないでしょ。

泣き虫だし。テレビで、かわいそうな子供とか出てくると、必ず泣いてる。たぶん、私が逝った後も、ことあるごとに泣いてるんじゃないですか。あまりそんな姿は人様の前で見せてほしくない。

当然、私も年の順で、先に亡くなるのはお兄ちゃんの方と勝手に決めていたので、がんの再発を知った時は動揺はしました。それよりも、体がだんだん衰えて、踊りが出来なくなっていくのは、やはりつらかったですね。

「死にたい」とも何度も考えましたよ。私から踊りをとったら、いったい何が残るのか、と。

絵川流や新舞踊のことは、もう残った皆さんにお願いするしかない。

もちろんかつての勢いを取り戻すには、ぴちぴちした若い子たちに入ってきてもらうのが一番です。ただ、そのためには、もっと真剣勝負で踊る場を作らなくてはいけない。若い子にしても、お稽古事ではなくて、直接、就職に有利とか高収入が期待できるとかの資格の方に関心が向いています。

もっとバレーやダンスの要素を入れたり、みんなでスター作りを目指したり、たぶん方法はいろいろあるとは思うんです。とにかくまず、踊りで生活できる状況は作らないといけない。

ただ、私はもうお手伝いできない。

お兄ちゃんには、まだまだ頑張ってほしい。80歳を過ぎてもお元気な方はたくさんいます。お兄ちゃんには、新舞踊の復興を生きがいにして、人生の最後まで燃えて突っ走ってほしいですね。

あとがき

僕は今でも、しっかり文部科学省のお墨付きのある公益法人「新舞踊協会」の設立を諦めていません。

文科省は、近年、中学において武道とダンスを体育授業の中の必須科目としました。それはとても素晴らしいことなのですが、だったらなぜ「ダンス」ばかりで、日本の伝統を担う日舞や新舞踊がそこに含まれなかったのか？

日本舞踊協会は、古典に固執するあまり、政府に対して働きかける動きが鈍かった。それにあそこは盆踊りや民謡などの組織は入っていないので、ダイナミックに若者たちを取り込むのは難しい。

一方で、新舞踊は、流派ごとの結びつきはやや弱く、「協会」と名が付くものも多すぎて、一つのパワーとして結集できない。第一、「家元」と名乗る人たちでも、古典派のトップに負けないレベルから、プロとはいいにくい人までいて、あまりに技術格差がありすぎる。

こんな状態が、新しい入門者の減少を生み、長年の高齢化による衰退につながっていったのです。せっかく「明日を担う」子供が日舞を踊ってくれるかもしれないチャンスを、みすみす逃がしてしまった。

惜しいことをしました。古賀先生がまだご存命の際、先生を中心とし、日本全体を統括する「新舞踊協会」が作られる機運はあったのです。しかし、先生のご逝去と共に構想は幻に終わってしまった。

今こそ再び、「新舞踊協会」設立をするべき時だと思います。

別に、どうしても僕や、絵川流が中心でなくてはいけないわけじゃない。中心はどなたでもいい。若くて、踊りの実力と組織を固める政治力とが備わって、伝統をただ守ろうとする硬直した考え方ではなく、柔軟なアタマを持った人であれば。

ＡＫＢや乃木坂、ＥＸＩＬＥに新舞踊を踊ってもらうのもいいし、よさこいソーランの人たちや阿波踊りの人たちとコラボするのもあり。

ただ立ち止まっていても仕方ない。

自分たちの発表会だけでなく、外部のイベントにもどんどん出演する場を作っていけばいいのです。そのためにも、自分たちの私利私欲でなく、大きく、新舞踊の裾野そのものを広げるための統括団体は欠かせない。若い層にアピールしなければ、いずれ滅亡してしまうのですから。おカネがなくて、着物や扇子も揃えられない若者たちのために、浴衣姿で簡単に踊れる振りをつけたっていい。

僕がどれだけお役に立てるかはわかりません。ただ、この本の出版をキッカケに、新舞踊の現状をわかっていただき、微力ながらでも、新舞踊再生のお手伝いができればいいのです。

そして、この機会をいただいた「川ちゃん」こと川岸咨鴻さんには心から感謝します。

ミーちゃん！　僕はもう「一仕事」してから、そっちに行くからね！

恋のからかさ　夫婦舞

2020年7月31日　初版発行

著　者◆江河愛司／共著・絵川美登里

発　行◆（株）山中企画
〒114-0024 東京都北区西ヶ原 3-41-11
TEL03-6903-6381　FAX03-6903-6382
発売元◆（株）星雲社（共同出版社・流通責任出版社）
〒112-0005　東京都文京区水道 1-3-30
TEL03-3868-3275　FAX03-3868-6588

印刷所◆モリモト印刷
※定価はカバーに表示してあります。

ISBN978-4-434-27727-6　C0073

山中企画・演歌シリーズ

『天草（ふるさと）に恩返し、そして師匠に恩返し』

◆天草二郎・著

歌手・天草二郎が、故郷・天草への思いと師匠・船村徹への思いを綴る！

ISBN978-4-434-19367-5
定価・1300円＋税
発　行◆（株）山中企画
発売元◆（株）星雲社

『福島の歌うオバチャンの みんな、元気になーれ！』

◆紅晴美・著

福島が生んだシンガーソングライター演歌歌手・紅晴美の歌声で、みんな元気になーれ！

ISBN978-4-434-21400-4
定価・1100円＋税
発　行◆（株）山中企画
発売元◆（株）星雲社

山中企画・演歌シリーズ

『目が見えない演歌歌手』

◆清水博正・著

生まれつき目が見えないのはハンデではない！ 個性だ！ そして僕には演歌がある！

ISBN978-4-434-23162-9
定価・1500円＋税
発　行◆（株）山中企画
発売元◆（株）星雲社

『生かされて』

◆たきのえいじ・著

「訪問看護・歌の宅急便」の活動を始めた作詞・作曲家と、その弟子の物語。

ISBN978-4-434-23363-0
定価・1500円＋税
発　行◆（株）山中企画
発売元◆（株）星雲社